Egon Schiele

Sein Leben in Wort und Bild

von Roman Neugebauer

Vitalis

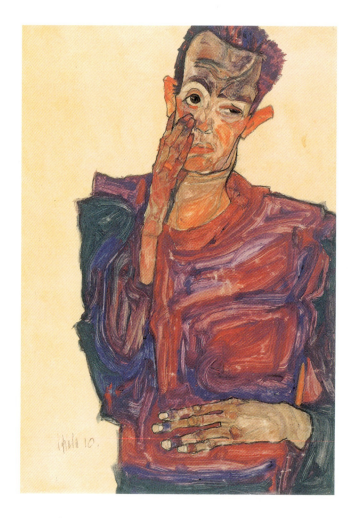

© Vitalis, 2014 • Deutsche Originalausgabe • Hergestellt in der Europäischen Union • ISBN 978-3-89919-318-3 Alle Rechte vorbehalten • www.vitalis-verlag.com

Umschlag vorne: *Sitzender Mädchenakt mit Hemd über dem Kopf,* 1910.
Umschlag hinten: *Egon Schiele in seinem Atelier,* um 1914.

Abb. 1 (Titelblatt): *Selbstporträt mit kariertem Hemd*, 1917. Das Porträt wurde 2007 für über zehn Millionen Dollar versteigert.

Abb. 2: *Selbstbildnis mit herabgezogenem Augenlid,* 1910.

INHALT

BEGEGNUNGEN MIT EGON SCHIELE 5
DER NEUKÜNSTLER 10
SELBSTBILDNISSE...................... 18
FAMILIE, FREUNDE, KUNDEN 27
GLÜCK UND ELEND AUF DEM LAND 34
IM WIENER ATELIER 49
FRAUEN 56
KRIEGSDIENST 66
RUHM 74

Begegnungen mit Egon Schiele

Ende April 1909 feiert in Wien die Internationale Kunstschau Eröffnung. Sie ist das größte Kunstereignis des Jahres. Trotz der nasskalten Witterung – aus dem Süden und Osten des Reiches werden Schnee und Hagel gemeldet – strömt Publikum auf das Ausstellungsgelände. 54 strahlend weiß verputzte Holzpavillons mit Höfen, Terrassen und Gärten bilden dort ein modernes, luftiges Galerie-Ensemble. Schon im Vorjahr war das Areal Schauplatz einer Kunstschau gewesen. 176 Künstler hatten in einer patriotischen „Kräfterevue österreichischen Kunststrebens" über tausend Exponate gezeigt. Nun messen sich die Kunstschaffenden der Monarchie mit der internationalen Moderne. Arbeiten von Paul Gauguin (1848-1903), Vincent van Gogh (1853-1890), Henri Matisse (1869-1954) und Edvard Munch (1863-1944) schmücken die hellen Wände.

Die Wiener kommen, um ein Spektakel zu erleben, und sie werden nicht enttäuscht. Manch „lächerlich-traurige Tolldreistigkeit, aufkreischende Klexographien nach letzter Pariser Art, genialisch sich gehabende Unfähigkeit – aber dabei doch auch viel echte, ernste Neukunst" verspricht die *Wiener Abendpost* ihren Lesern. Die Hauptattraktion ist Gustav Klimt (1862-1918). Im Pavillon Nr. 22 zeigt der Großmeister des Wiener Jugendstils unter anderem seine Gemälde *Hoffnung II* (1907/08) und *Judith II* (1909). Auf dem Weg dorthin zieht das Publikum staunend an Schönem und spottend an Schrillem vorüber, zuckt die Schultern vor so manch Seichtem, rümpft und reckt die Nase, wo es einen Skandal wittert.

Im Pavillon Nr. 19 hat ein junger Student der Wiener Akademie seinen ersten Auftritt auf großer Bühne. Vier Gemälde stellt der 19-Jährige aus, etwas unglücklich neben Radierungen und Holzschnitte anderer Künstler gehängt. Drei seiner Bilder sind Porträts, und von diesen sticht besonders die Arbeit *Junges Mädchen* (1909, Abb. 7) ins Auge: Aus beige getilgtem

Abb. 3: Egon Schiele in seinem Atelier, 1914. Das Holzpferd taucht auch auf einem Gemälde (Abb. 95) und einem Plakatentwurf auf.

Abb. 4, 5 und 6: Spektakuläre Kulisse für ein bescheidenes Debüt: Secessionsarchitektur aus dem Büro Otto Wagner auf dem Gelände der Kunstschau.

Grund tritt kräftig das Bildnis einer eleganten Dame mit Hut hervor. Ihre schöne, geschwungene Kontur ist sichtlich von Gustav Klimt beeinflusst, ihre Kleidung entspricht mondänen Modeentwürfen im Secessionsstil. Die angespannte Handhaltung jedoch und die rohe Herauslösung des Motivs aus jeder Umgebung sprechen eine neue, energisch eigenwillige Sprache. Wer verstehen kann, dem kündet sie von einem außergewöhnlichem Talent. Der Name des jungen Künstlers ist Egon Schiele.

Wem Egon Schiele die Ehre verdankt, seine Bilder auf der Internationalen Kunstschau zeigen zu können, ist ungewiss. Fest steht, dass die Ausstellung für einen unbekannten Künstler wie ihn eine außerordentliche Chance auf frühen Erfolg ist. Wie so oft jedoch in der Geschichte der Kunst ist das Publikum in seiner Gunst ungerecht: Die Gelegenheit verstreicht; man schenkt Schiele einige „Minuten wohlwollender Betrachtung" und geht weiter. „Begabt" nennt ihn der Kunstreferent der *Wiener Abendpost*, „begabt" und „in der Klimt Nachahmung ... befangen." In den meisten Pressenotizen taucht sein Name gar nicht auf. Bald fällt der Vorhang, und Egon Schiele verschwindet von der Bühne, kaum dass ihn das Rampenlicht gestreift hat.

Im März 1918 streicht nach hartem Winter ein Hauch von Frühling durch die Straßen von Wien. Veränderung liegt in der Luft. Seit dreieinhalb Jahren herrscht Krieg in Europa, und es steht nicht gut um die österreichisch-ungarische Doppelmonarchie. Der alte Kaiser, der fast siebzig Jahre die Geschicke des Habsburgerreiches lenkte, ist tot. Seit zwei Jahren steht der junge Karl I. an der Spitze des wankenden Staatsgebildes. Im Februar hat man feierlich den großen Gustav Klimt zu Grabe getragen, den Porträtisten par excellence der Wiener Frauenschönheit vor dem Kriege.

Klimt ist tot, die Wiener Kunst aber lebt weiter, trotz allem. Unter der goldenen Kuppel ihres Kunsttempels am Karlsplatz zeigt die Secession in diesen Tagen ihre inzwischen 49. Ausstellung. Hier, kaum eine Viertelstunde vom Gelände der einstigen Kunstschau entfernt, erlebt Egon Schiele den größten Triumph seiner Laufbahn. „Niemals waren Ausstellungen, sei es eine konventionelle oder eine neuester Kunst, so besucht wie diese. Am Eröffnungstag konnte man um 12h mittags wirklich nicht mehr gehen", schreibt der auch in seiner Grammatik unangepasst wirkende Künstler.

Seinen Bildern ist der Hauptsaal des Gebäudes vorbehalten, die übrigen Aussteller sind in den kleineren Räumen ringsum gruppiert. 19 Gemälde und 29 Zeichnungen zeigt Schiele: „Schwermütige deutsche Städtebilder, von überallher und nirgendwo, todestraurige Männer, sterbensmüde Frauen, verträumte Kinder, die niemals lachen ...", aber auch „die äußerste Verworfenheit und das letzte Laster". Die Werke sind eine Auslese der letzten fünf Jahre, einer schweren,

Abb. 7: *Bildnis einer Frau mit schwarzem Hut*, 1909. Auf der Kunstschau unter dem Titel *Junges Mädchen* vorgestellt, zeigt das Bild Schieles Schwester Gerti.

Abb. 8: „Hohepriester" der Malerei und lange Schieles Leitstern – Gustav Klimt, 1913.

Abb. 9: *Porträt des Malers Anton Peschka*, 1909. Das Bildnis des späteren Gatten Gertis ist eines von vier Schiele-Bildern auf der Kunstschau.

entbehrungsreichen Zeit. Am Ende der Ausstellung hat Schiele fünf Bilder und 19 Blätter verkauft und dabei 16 000 Kronen erlöst – ein Vermögen, trotz Kriegsinflation.

Wichtiger als der finanzielle Erfolg ist die Anerkennung, die Egon Schiele endlich erfährt. Auf dem Ausstellungsplakat hat er sich mit Wiener Künstlern in einer Tafelrunde dargestellt. Wer es auf dem Plakat noch nicht erkennt, dem zeigt das zeitgleich entstandene, fast identisch aufgebaute und noch detailliertere Ölgemälde *Die Freunde* (1918), wo sich Schiele selbst platziert: am Kopf der Tafel. Ihm gegenüber bleibt ein Stuhl leer. Es ist der Platz, den Klimt geräumt hat. Was im Vorfeld der Ausstellung allein von einem kräftig entwickelten Selbstbewusstsein zeugt, ist danach allgemein anerkannt: „Das stärkste und wohl auch das führende Talent der neuen Richtung ... ist heute seit Gustav Klimts Heimgang Egon Schiele", schreibt dieselbe *Wiener Abendpost*, die ihn einst als dessen begabten Nachahmer bezeichnete. Nun meint der Redakteur, bald nicht mehr vom „Künstler", sondern nur mehr vom „Meister" Schiele schreiben zu können.

Mit 28 Jahren ist Schiele am Gipfel seiner Laufbahn angelangt. Es bleiben ihm nun noch sieben Monate zu leben. Am 28. Oktober 1918 stirbt seine Frau Edith an der Spanischen Grippe. Am 31. Oktober 1918 folgt ihr Egon Schiele, der sich wohl bei ihr angesteckt hat, nach.

Zwischen der Internationalen Kunstschau und der 49. Ausstellung der Secession liegen fast genau neun Jahre. Diese neun Jahre genügen Egon Schiele, eines der herausragendsten Gesamtwerke der österreichischen Moderne hervorzubringen und, neben Gustav Klimt und Oskar Kokoschka (1886-1980), zu deren bekanntestem Vertreter zu werden. Egon Schiele ist heute enfant terrible und Aushängeschild der österreichischen Kunst zugleich, ein „Genie", bedacht mit Romanen, Filmen und einer unüberschaubaren Zahl wissenschaftlicher Arbeiten. Seine Gemälde, Gouachen, Zeichnungen und Radierungen ziehen heute Kunstfreunde aus aller Welt nach Wien und reisen in Sonderausstellungen rund um den Globus. Jahr für Jahr werden sie neu beleuchtet, neu kommentiert und neu gemischt. Reproduktionen zieren Bücher, Kalender, Plakate, Postkarten, ja, eigentlich jedes Objekt, das Farbe zu halten vermag.

Ein Grund für die anhaltende Anziehungskraft des Werkes von Schiele mag sein, dass man es zwar nach Belieben betrachten, aber kaum erschöpfend erfassen kann. Das Etikett „Expressionismus", das ihm die Kunstgeschichte zuweist, haftet nur schlecht und bietet kaum Hilfe zum Verständnis. Schieles Kunst irritiert: Oft ist sie betörend schön – und zeigt zugleich verstörend Hässliches; nicht immer lässt sich der Eindruck der Pornographie von der Hand weisen – und doch sind auch die erotischen Arbeiten unbestreitbar von höchster künstlerischer Qualität.

Auch als Person geht von Egon Schiele eine anhaltende Faszination aus. Wie bei Heinrich von Kleist, Georg Trakl, Wolfgang Amadeus Mozart oder Franz Schubert lässt sein früher Tod, „in der Blüte seiner

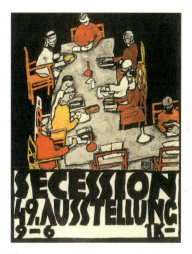

Abb. 10: Eines der Exponate der Secessionsausstellung 1918 ist das *Bildnis der Frau des Künstlers, sitzend*, 1918. Den ursprünglich farbigen Rock Ediths übermalt Schiele auf Wunsch des Käufers.

Abb. 11: Das 1918 in der Secession vorgestellte Landschaftsbild *Vier Bäume* entsteht 1917, nach einer Skizze aus dem Vorjahr.

Abb. 12: Schieles Plakat zur 49. Ausstellung der Secession. Die im März 1918 eröffnete Schau bringt ihm den Durchbruch.

Jahre", die besondere Gnade seines Talents scharf und hell hervortreten – eines Talents, dem kaum Zeit blieb sich zu entfalten und das sich dennoch über alle Zeiten und Moden erhebt. Obwohl sie sich auf dem engen Raum weniger Jahre zusammendrängt, ist Schieles persönliche und künstlerische Entwicklung keineswegs leicht zu überblicken. Sprünge und Brüche durchziehen die Biographie dieses Ausnahmemenschen, „Skandale" – etwa um sein Sexualleben – verstören darin. Viele wichtige Fragen bleiben zudem unbeantwortet, denn trotz der jahrzehntelangen Arbeit der Schiele-Forschung beruht noch so manches, was wir über den Künstler zu wissen glauben, auf unzuverlässigen und nicht selten widersprüchlichen Zeugnissen.

Gerade die vielen ungelösten Rätsel, die schwarzen und weißen Flecken in seiner Biographie aber reizen immer wieder zu neuer Betrachtung des Künstlers Egon Schiele. Letztlich mag sich ein jeder eingeladen fühlen, sich seinen ganz eigenen Schiele zu suchen. Gewissheit wird man nur in einem Punkt finden: Es lohnt sich.

Der Neukünstler

Dem Bericht über die vielen erstaunlichen Begebenheiten, die das Leben Egon Schieles so erzählenswert machen, muss eine nüchterne Feststellung vorangestellt werden: Mehr als alles andere war der „Skandalkünstler" Schiele ein hart und gewissenhaft schaffender Maler, in dessen Leben eigentlich nur wenig Zeit für Dinge außerhalb seiner Arbeit blieb. Einschließlich der Zeichnungen und Skizzen kennt man allein aus den neun Jahren zwischen der Internationalen Kunstschau und dem Erfolg der 49. Ausstellung der Secession rund 2500 Werke von ihm. Nicht alle haben sich erhalten. Von manchen wissen wir nur durch ihre Erwähnung in Katalogen oder Briefen. So manches vollendete Blatt aber dürfte verkauft oder fortgegeben worden sein, ohne Spuren zu hinterlassen, und die Zahl der tatsächlich

Abb. 13: *Aktselbstbildnis, hokkend*, 1916.
Abb. 14: *Liegender weiblicher Akt mit gespreizten Beinen*, 1914.
Abb. 15: *Stehender weiblicher Akt mit blauem Tuch*, 1914.

geschaffenen Arbeiten die der bekannten damit noch deutlich übersteigen. Es ist ein bemerkenswertes Pensum.

Möglich wird es, weil sich Schiele schon früh eine handwerkliche Sicherheit aneignet, die langwierige Korrekturen unnötig macht. Möglich wird es auch, weil er rasch zu einer künstlerischen Haltung findet, die ihn immer wieder zu Höchstleistungen antreibt. Egon Schiele kennt Notlagen und äußere Hemmnisse. Schaffenskrisen oder Selbstzweifel, die nicht wenige Künstler über Jahre von der Leinwand ferngehalten haben, kennt er nicht. Ebenso wenig kennt er Antriebslosigkeit. Ungeachtet seiner Jugend tritt er spätestens im Herbst 1910 als fertiger, fleißiger und

Abb. 16: Alles, was ein Maler braucht – der 16-jährige Akademieschüler Schiele mit Palette und verwegener Künstlerfrisur.

Abb. 17: *Mädchen am Balkon*, 1907, ein Experiment Schieles mit goldgrundierter Leinwand.

Abb. 18: Vom Jugendstil beeinflusst – die Kreidezeichnung *Liegender Frauenakt*, 1908.

bemerkenswert selbstbewusster Künstler auf und fordert seinen Platz ganz vorne auf der Bühne der Wiener Kunst ein. Wie es dazu kommt, ist eine der vielen erstaunlichen Entwicklungen im Leben Egon Schieles, von denen wir erzählen wollen.

Mit 16 Jahren beschließt Schiele, „daß er Maler werden wolle und nichts anderes". Dieser Entschluss hat Schatten vorausgeworfen, die in die früheste Kindheit des unablässig zeichnenden Buben hineinreichen. Im Realgymnasium legen sich diese Schatten bedrohlich über seine Schulleistungen. Als sich 1906 zum wiederholten Male die Aussichten auf Versetzung verdunkeln, trennen sich Schule und Schiele einvernehmlich.

Mit einem gnadenhalber ausgestellten Abschlusszeugnis in der Tasche tritt er im Oktober 1906 an die Wiener Akademie der bildenden Künste. Die renommierte Anstalt, untergebracht in einem weihevollen Neurenaissancepalast am Schillerplatz, ist die älteste Kunstschule der Monarchie. Egon Schiele wird ihr damals jüngster Schüler. Er durchläuft hier die Allgemeine Malerschule, die auf höchstem Niveau die handwerklichen Grundlagen des Künstlerberufs vermittelt. Es sind dieselben, die schon Generationen vor Schiele gelernt haben und noch Generationen nach ihm lernen werden: „1. Zeichnen und Malen nach der Antike – 2. Zeichnen und Malen nach der menschlichen Gestalt – 3. Zeichnen des Aktes am Abende – 4. Studium des Gewandes – und 5. Kompositionslehre." Dazu kommen 1906/07 Anatomie, Stillehre und Perspektive, 1907/08 Farbenchemie und Farbtheorie. Zwei Jahre paukt sich der Hochbegabte durch den Lehrplan, klaglos, aber mit mäßigem Einsatz und mäßigen Noten. Ein Foto aus dieser Zeit, das im Aktzeichensaal aufgenommen wurde, zeigt einen schmächtigen Schiele im Kreis seiner Kommilitonen. Zwischen den älteren, ernst dreinblickenden Männern wirkt er wie ein verkleideter Laufbursche (Abb. 20).

Nach Ablauf der zwei Jahre ist das Bild ein anderes. Im Dezember 1908 wird Egon Schiele ordentlicher

Schüler der Akademie. Zuvor war er altersbedingt nur Gasthörer. Im April 1909, die Internationale Kunstschau hat soeben eröffnet, finden wir ihn an der Spitze einer Gruppe von Kommilitonen, die forsch als Neukünstler auftreten: Auf enger Front, aber mit breiter Brust rennen sie gegen den akademischen Betrieb und dessen Verständnis von Kunst an. Wie Egon Schiele sind die meisten von ihnen Schüler der Spezialklasse von Professor Christian Griepenkerl (1839-1912), einem der ältesten Lehrer der Anstalt. Der verdiente Maler, dessen Spezialgebiet die antike Allegorie ist, zählt noch zur Generation der Ringstraßenkünstler. Für die jungen Rebellen ist er ein Fossil und der Wetzstein, an dem sie ihr Profil schärfen.

Der Streit, der zwischen Schülern und Lehrer ausbricht, ist von Schieles Biographen oft zu einer derben Posse ausgemalt worden. Griepenkerls beschwörendes „Sagen Sie bloß niemandem, dass Sie bei mir gelernt haben", eine dreiste Petition, welche die Gruppe dem Lehrer überreicht und die Fragen wie „Ist nur das

Abb. 19: Christian Griepenkerl, akademischer Maler der alten Schule und Schieles Professor.

Abb. 20: Zeichensaal der Akademie, um 1907. Schiele steht ganz hinten links, neben dem Hutträger.

Abb. 21, 22, 23 und 24: Im Unterricht entstandene Zeichnungen nach Gipsplastiken, 1906.

Natur, was der Herr Professor als solche erkennt?" enthalten haben soll, und der finale Ausbruch des Akademikers „Sie – Sie – Sie hat der Deubel in meine Schule gekackt!" sind deren Höhepunkte. Belegt ist nichts davon. Nur einer der Beteiligten, der Maler Anton Faistauer (1887-1930), hat sich je schriftlich zum Zank geäußert und dabei versöhnliche Worte gewählt. Wir wissen nicht, was sich im Zeichensaal abgespielt hat, sicher waren es nicht bloß Lausbubengeschichten: Nach Ende des Studienjahrs 1908/09 kehren die Neukünstler nicht mehr an die Hochschule zurück.

Das freiwillige Verlassen der angesehenen Anstalt im Sommer 1909 ist ein mutiger Schritt, vielleicht sogar ein Akt der Rebellion. Unbedacht geschieht er nicht. Schiele bleibt gerade so lange an der Akademie, bis ihm, als Schüler einer staatlichen Institution, das

„Einjährigen-Freiwilligenrecht" zusteht und er damit dem dreijährigen Militärdienst entrinnt. Schon lange empfängt er die künstlerisch wie persönlich prägenden Anregungen außerhalb der konzentrierten, aber etwas stockigen Stille der Schule, namentlich von Gustav Klimt und der Secession, mit deren Gründung 1897 sich Klimt seinerseits vom etablierten Kunstbetrieb losgesagt hatte.

Schieles Begeisterung für Gustav Klimt schlägt sich ab 1907 in Arbeiten wie der Gouache *Wassergeister I* (1907) nieder, die dessen *Wasserschlangen II* (1904-07) zum Vorbild hat, aber auch in vielen weiteren. 1909 nennt sich Schiele, durchaus mit Ernst, den „Silber Klimt". Ebenso mächtig wie das Werk klingt die Persönlichkeit Klimts in ihm nach. Der „Hohepriester", der 1897 den „Heiligen Frühling" der österreichischen Kunst ausgerufen hatte, wird Egon Schiele zum Leitbild für ein neues Selbstbewusstsein eines freien, dem hehren Dienst an der Kunst und nur diesem verschriebenen Künstlers. Ein solcher Künstler wird nicht von einer Akademie ausgebildet. Er ist von Natur und Schicksal zum Höchsten bestimmt.

Abb. 25: Foto aus Schieles Studentenausweis der Wiener Akademie der bildenden Künste von 1908.

Es gärt in dem Kunststudenten, und der einmal gesetzte Keim treibt seltsame Blüten. Im Frühjahr 1909 schickt Schiele seinem Onkel und Vormund Leopold Czihaczek eine wie im Rausch hingefetzte Epistel über die Lebensanschauungen, die in ihm reifen: „Unabhängigkeit ist ein großes Glück", schreibt er, „doppelt schätzenswert für Leute von Geist, der gerne selbstständig ist; nicht alle haben die nötigen Eigenschaften, sie recht zu genießen. Mutter Natur wacht über die Gattung der Menschheit, wie im Tierreiche ... Aber nichts ist schändlicher als abhängig zu sein ... So denke ich nicht ich fühle eher so, aber nicht ich habe das geschrieben, nicht ich habe die Schuld. Ein Drang ist hier ein fortwährender immer größer werdender der

Abb. 26: Egon Schieles 1913 ausgestellte Mitgliedskarte des Bundes österreichischer Künstler.

Abb. 27: Von Anton Faistauer gestaltetes Plakat für die erste Ausstellung der Neukunstgruppe, 1909.

Abb. 28: *Bildnis des Malers Anton Faistauer*, 1909. Faistauer war Mitbegründer der Neukunstgruppe.

Abb. 29: Ausstellungsraum im Salon von Gustav Pisko, um 1909.

mich unterstützt zu dem was ich ausgedrückt habe. Alle Schuld hat die Natur. Dein dankschuldiger Neffe Egon".

Im Herbst 1909 gießt Schiele die stürmenden und drängenden Gedanken in die Form eines Manifests. Er schreibt es für die Neukunstgruppe, die im Dezember des Jahres ihre erste Ausstellung im Salon Gustav Pisko am Wiener Schwarzenbergplatz bestreitet. Die Gruppe, der das Verdienst zugesprochen wird, die „Initialzündung für den österreichischen Expressionismus" gegeben zu haben, geht 1912/13 im Österreichischen Künstlerbund auf. Ihr Manifest veröffentlicht Schiele 1914 noch einmal, mit nur leichten Änderungen, unter dem Titel „Die Kunst – der Neukünstler". Er hat mit dem Text einen festen Standpunkt eingenommen, der ihm in einer schwankenden Künstlerexistenz Halt bieten kann. „Es gibt keine ‚moderne' Kunst", heißt es darin. „Es gibt nur eine Kunst; die ist immerwährend ... Aber – es gibt ‚Neukünstler'. Schon die Studie eines Neukünstlers allein ist immer ein Kunstwerk; denn sie ist ein Stück von ihm selbst, das lebt. Es gibt nur wenig, ganz wenig Neukünstler." Neukünstler sind für Schiele „Erkorene"; sie „schaffen eigentlich nur allein für sich." Die „Mitmenschen fühlen ihre Erlebnisse nach". Für Schiele muss der Künstler der Seher unter Blinden sein, „von Vornehmen der Vornehmste; von Rückgebern der Rückgebigste. Er muß Mensch sein, mehr als jeder andere, und er muß den Tod lieben und das Leben. Die höchste Empfindung ist Religion und Kunst. Natur ist Zweck. Aber dort ist Gott. Und der Künstler muß ihn empfinden, stark, am stärksten."

Der Abschluss der Selbstfindung Schieles fällt in den Herbst des Jahres 1910. Im November beggenen sich Egon Schiele und Gustav Klimt erstmals persönlich. Der Altmeister besucht den Neukünstler, der nach Bezug eines neuen Ateliers nahe dem Schloss Schönbrunn, in der Grünbergerstraße 31, sein Nachbar geworden ist,

und tauscht Zeichnungen mit ihm. Die Maler bleiben sich von da an gewogen, wenn sie auch in vollkommen verschiedenen Sphären verkehren. Klimt unterstützt Schiele, indem er Türen öffnet, die diesem verschlossen sind. Der dankbare Schiele widmet dieser besonderen Künstlerbeziehung das größte Ölbild, das er überhaupt gemalt hat: *Die Eremiten* (1912, Abb. 33) zeigt ihn und Klimt als Brüder im Geiste. Die wechselseitige

Verbundenheit der Künstler nimmt bezeichnenderweise ihren Anfang, als Schiele seine künstlerische Abhängigkeit von Klimt überwunden hat. Dessen Vorbild war Ausgang, nicht Zielpunkt seiner Entwicklung, und im November 1910 ist er sich dessen vollständig bewusst geworden. Er schreibt: „Ich bin durch Klimt gegangen bis März. Heute glaub ich bin ich der ganz andere."

Selbstbildnisse

Abb. 30: *Der tote Gustav Klimt, im Profil nach rechts*, 1918 – eines von drei Porträts, die Schiele am Totenbett seines einstigen Ziehvaters anfertigt.

Abb. 31 und 32: Vorbild und Abbild – Klimts *Danae* von 1907/08 (oben) und Schieles *Danae* von 1909 (unten).

Egon Schieles Auffassung von Kunst und Künstler ist eine expressionistische. Der Begriff „Expressionismus" war 1910 noch nicht gebräuchlich, und Schiele hat ihn wahrscheinlich nie verwendet. In der Kunstgeschichte bezeichnet er eine Neuausrichtung, die sich auch im Manifest des Neukünstlers ausdrückt und die den Künstler in den Mittelpunkt stellt: Dessen Werk wird zum Mittel, andere am eigenen, ganz außergewöhnlich gesteigerten Empfindungsvermögen teilhaben zu lassen. „Künstler ist vor allem der geistig Hochbegabte, Ausdrückende der Ansichten von denkbaren Erscheinungen in der Natur", schreibt Schiele 1909. Gustav Klimt, dem man deshalb kein mangelndes Selbstbewusstsein unterstellen wird, war noch der Ansicht, dass er als Person „nicht extra interessant" sei. Für Egon Schiele gibt es kaum etwas, das interessanter wäre.

Das äußert sich schon in Nebensächlichkeiten, etwa Schieles

Gewohnheit, nicht nur jede Skizze, sondern auch Bücher, Lineale und Arbeitsmaterialien mit seiner Signatur zu versehen, manchmal auch mehrfach. Es äußert sich aber auch im Großen, in seiner Kunst. Das eigene Gesicht und der eigene Körper gehören zu den am häufigsten wiederkehrenden Motiven darin. Zehn Selbstporträts fertigt Schiele noch vor der Akademiezeit an, bis 1918 werden daraus 170, darunter Doppelt- und Dreifachselbstporträts. Zweifellos war Egon Schiele ein Narziss, der viele Stunden vor dem Spiegel zugebracht haben muss. Seine Selbstbildnisse sind jedoch mehr als ein selbstverliebtes Spiel. Sie sind Aufzeichnungen eines Seelenforschers, der sich mit Haut und Haar der Kunst preisgibt.

Heinrich Benesch, ein langjähriger Freund Schieles, gibt in seinem Aufsatz *Mein Weg mit Egon Schiele* eine bildhafte Beschreibung des Malers. Er findet in dem Künstler „einen schlanken, jungen Mann von mehr als mittlerer Größe und aufrechter, ungezierter Haltung". Schiele hatte ein „blasses, aber nicht krankhaftes schmales Gesicht, große dunkle Augen und üppiges, halblanges, dunkelbraunes, emporstehendes Haar. Sein Verhalten war ein wenig scheu, ein wenig zaghaft und ein wenig selbstbewußt. Er sprach nicht viel, aber wenn man ihn ansprach, war sein Gesicht immer von dem Schimmer eines leisen Lächelns erhellt ... Der Grundzug seines Wesens war Ernst ... Dabei war er durchaus humoristisch veranlagt und zum Scherzen geneigt ..."

Abb. 33: Bund der Auserwählten – Egon Schiele und Gustav Klimt in Schieles *Die Eremiten*, 1912.

Abb. 34: *Fratze schneidender Mann (Selbstbildnis)*, 1910. Schieles Gebiss war wohl vollständig.

Abb. 35 (oben): *Selbstbildnis mit entblößtem Nabel*, 1911.

Abb. 36 (links): *Selbstbildnis*, 1910.

Abb. 37 (Mitte): *Selbstbildnis als Akt*, 1910.

Abb. 38 (rechts): *Kniender männlicher Akt mit erhobenen Händen (Selbstporträt)*, 1910.

Von diesem sympathischen jungen Mann erkennen wir in den meisten der ab 1910 entstandenen Selbstporträts kaum mehr als die Frisur wieder. Schiele zeigt sich mit entgleisten Gesichtszügen, grimassierend oder blöde ins Leere glotzend, den ausgemergelten Körper mit insektenartig verlängerten Gliedern in absonderlichen Verrenkungen erstarrt oder leblos wie eine Puppe in sich zusammengesackt. 1910 stellt er sich erstmals nackt dar. Das ist mehr als nur ungewöhnlich. Das einzige Vorbild, das ihm bekannt gewesen sein dürfte, ist Albrecht Dürers in der Albertina verwahrtes *Selbstbildnis als Akt*, eine Zeichnung aus dem Jahre 1506. Indem er den eigenen Körper von Trieben und Leid entstellt zeigt, schafft Egon Schiele etwas vollkommen Neues. Der Neukünstler macht sich zu einer Kunstfigur im Wortsinn: Er bietet der nervösen Epoche vor dem Ersten Weltkrieg, die in Hysterie, Neurasthenie und Neurose Äußerungen des Zeitgeistes erkennt, die Hypnose und Psychoanalyse als Wissenschaften hervorbringt, seinen Leib als Leinwand, auf der ihre Seelen- und Nervenzustände sichtbar werden.

Eines der wenigen Werke, die Schiele so scheu zeigen, wie Benesch ihn beschreibt, ist eine Gouache von 1910 (Abb. 43). Sie zählt zu den innigsten und darum vielleicht schönsten Bildern, die Egon Schiele von sich geschaffen hat. Weder Hintergrund noch Kleidung des Bruststücks sind vollständig ausgeführt, nichts lenkt vom melancholischen, aber aufgeräumten Blick des Porträtierten ab. Dass sich der Zwanzigjährige darin deutlich kindliche Züge verleiht, ist kein Zufall. Wiederholt bezeichnet sich Schiele als „ewiges Kind", um sich positiv von seiner Umgebung abzugrenzen – und um sich von deren Erwartungen und Ansprüchen freizusprechen. Kinder faszinieren Egon Schiele. Er sucht ihre Nähe, und bis er sich wegen der freizügigen Darstellung eines Mädchens vor Gericht verantworten muss, fertigt er unzählige Kinderporträts an. Kindheit ist für Schiele ein Hort des Glückes und der Freiheit, dem er sich auch als Erwachsener zugehörig fühlt.

Seiner Kindheit spürt Schiele in Selbstbildnissen, Briefen und Gedichten sowie, ausführlicher, in der poetischen *Skizze zu einem Selbstbildnis* nach. Sie entsteht 1910, im Jahr seiner Selbstfindung, und wird 1911 veröffentlicht. „In mir fließt altes deutsches Blut und oft spür' ich der Vorfahren Wesen in mir", lesen wir dort. „Ein Urenkel des Justizrates Friedrich Karl Schiele, ersten Bürgermeisters von Bernburg im Herzogtum Anhalt, wurde ich am 12. Juni 1890 in Tulln an der Donau durch einen Wiener als Vater aus einer Krummauerin als Mutter geboren. Die bildhaft nachwirkenden Eindrücke der Kindheitszeit empfing ich von ebenen Ländern mit Frühlingsalleen und tobenden Stürmen. Es war mir in jenen ersten Tagen, als hörte und roch ich schon die Wunderblumen, die sprachlosen Gärten, die Vögel, in deren blanken Augen ich mich rosa gespiegelt sah. Oft weinte ich mit halben Augen als es Herbst war. Wenn es Lenz war, träumte ich von der allgemeinen Musik des Lebens, alsdann freute ich mich über den herrlichen Sommer und lachte, als ich in seinem Prangen mir selbst den weißen Winter malte. Bis dahin lebte ich in Freude, dann begannen die Mußzeiten und die leblosen Schulen ... Ich kam in schier endlos und tot scheinende Städte

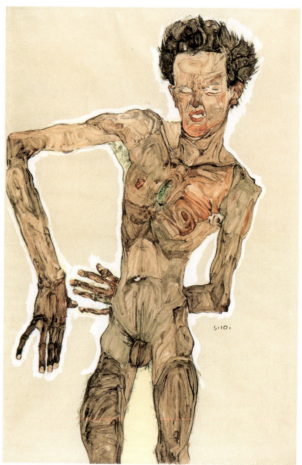

Abb. 39: *Eros*, 1911.
Abb. 40: *Propheten (Doppelselbstporträt)*, 1911.
Abb. 41: *Aktselbstbildnis, grimmassierend*, 1910. Die Augen wurden 1980 beschädigt.

und betrauerte mich. In dieser Zeit erlebte ich das Sterben meines Vaters. Meine rohen Lehrer waren mir stets Feinde. Sie – und andere – verstanden mich nicht."

Egon Schiele stellt das Ende der „Kindheitszeit" als Vertreibung aus dem Paradies dar. Diese Vertreibung ist besiegelt, als die „Mußzeiten" und der Tod Einzug halten. Dem Tod des Vaters geht ein echter Sündenfall voraus: 1879 hatte Adolf Schiele die 17-jährige Marie Soukup geheiratet und auf Hochzeitsreise nach Triest geführt, das damals noch ein österreichischer Seehafen war. Dort hatte der Frischvermählte ein Bordell

Abb. 42: Eines von fünf großen Aktbildern in Öl, die Schiele Anfang 1910 malt – *Sitzender Männerakt (Selbstdarstellung)*.

besucht und sich die Syphilis zugezogen. Die Folgen der unbehandelten Krankheit sind schrecklich: 1880 erleidet Marie Schiele eine Totgeburt, 1881 folgt eine weitere. 1883 wird die Tochter Elvira geboren. Sie stirbt mit zehn Jahren. Drei Kinder immerhin leben und sind gesund: 1886 wird Melanie geboren, 1890 folgt Egon – in der Taufmatrikel finden wir den Namen Egon Leo Adolf –, 1894 erblickt Gertrude, genannt Gerti, das Licht der Welt.

Die Schieles sind Eisenbahner. Der Großvater väterlicherseits war leitender Ingenieur der Böhmischen

Abb. 43: Das „ewige Kind" – *Selbstbildnis in gestreiftem Hemd*, 1910.

Abb. 44: *Eisenbahnzug*, vor 1906.
Abb. 45: Familie Schiele, um 1893.
Abb. 46: Bahnhof Tulln, um 1900. Hier wird Schiele 1890 im ersten Stock geboren.
Abb. 47: Egon Schiele, um 1895.

Westbahn, für die der Großvater mütterlicherseits Bauten konstruierte; der Onkel väterlicherseits ist pensionierter Oberinspektor bei der Kaiser-Ferdinands-Nordbahn. Der Vater steht als Oberoffizial der k. k. Staatsbahn dem Bahnhof Tulln an der Donau vor, etwa dreißig Kilometer westlich von Wien. Dort wächst Egon Schiele in gutbürgerlichen Verhältnissen in einer Dienstwohnung im ersten Stock des Bahnhofsgebäudes auf. Züge sind die ersten Motive, die der schmächtige Junge aufs Papier kritzelt. Gerade groß genug, um das Fensterbrett zu erklimmen, steigt er zum Schrecken der Eltern auf das abschüssige Vordach des Bahnhofs hinaus, um einen besseren Blick auf die fauchenden Maschinen zu erhaschen. Züge bleiben seine Leidenschaft noch als Erwachsener. Ein Freund beobachtet das 23-jährige „ewige Kind" mit einer Spielzeugbahn, „alle Verrichtungen mit der Lautimitation der Geräusche begleitend, die eine fahrende ‚wirkliche' Eisenbahn hervorbringt." Als Ehefrau wählt Egon Schiele später die Tochter eines Bahnschlossers, seine Schwester Melanie wird am Wiener Westbahnhof arbeiten.

Mit elf Jahren verlässt Egon das Tullner Bahnhofsarkadien und tritt an das Realgymnasium, zunächst in Krems an der Donau. Schon im Folgejahr wechselt er nach Klosterneuburg, wo Verwandte der Familie leben. Wohl fühlt er sich weder hier noch dort. Zu dieser Zeit macht sich der geistige Verfall des Vaters bemerkbar, eine Spätfolge der Syphilis. Da Egon ihn nur bei Besuchen sieht, muss der Eindruck des fortschreitenden

Wahnsinns auf ihn, der sich nicht im Alltag an die Krankheit gewöhnen kann, umso erschreckender wirken. 1904 wird Adolf Schiele pensioniert. Die Familie siedelt nach Klosterneuburg über, doch das Zusammenleben mit dem Vater ist nur noch schwer erträglich. Er ist depressiv, spielt gegen unsichtbare Gegner Karten und empfängt imaginäre Gäste in Uniform bei eingedeckter Festtafel; in einem Anfall verfeuert er den gesamten Aktienbesitz im Ofen und raubt der Familie die finanzielle Reserve. Das schmerzt besonders, weil Adolf durch seine frühe Berufsunfähigkeit keine volle Pension bezieht. Vielleicht ist Geldmangel der Grund, warum er im großen Klosterneuburger Irrenspital keine Aufnahme findet. Im Sommerurlaub in Krummau [Český Krumlov] in Südböhmen, der Heimat der Mutter, versucht der Vater noch am Tag der Ankunft sich umzubringen, ohne Erfolg. Er stirbt, wahrscheinlich an den Folgen seiner Paralyse, am Silvesterabend 1904/05 in Klosterneuburg.

Leiden und Tod des Vaters sind einschneidende Erlebnisse in Egon Schieles Leben. Er bereist wiederholt

Abb. 48: *Blick aus dem Zeichensaal, Klosterneuburg*, 1906.

Abb. 49: *Klosterneuburg im Nebel*, 1907.

Abb 50: *Das Budweisertor in Krummau*, 1908.

die Orte, die mit dessen Leiden verbunden sind: Dreimal besucht er Triest, mindestens siebenmal ist der Halbwaise in Krummau. Schieles Interesse für zerrüttete Gemütszustände, das in seinen Porträts zum Ausdruck kommt, ist sicher nicht allein dem Zeitgeist geschuldet, und sicher ist es auch kein Zufall, dass die Beschäftigung mit seinem Spiegelbild 1905, fast unmittelbar nach dem Tod des Vaters, beginnt: Es ist der scharfe Kontrast zwischen dem heilen Vorher und dem nervösen Nachher, der dem Selbstbildnis des Künstlers Egon Schiele seine Kontur verleiht.

FAMILIE, FREUNDE, KUNDEN

Nach dem Zusammenbruch der Tullner Welt bleibt die Beziehung Egon Schieles zu seiner Familie belastet. Allein die Schwestern sind davon ausgenommen. In beiden pocht eine künstlerische Ader, und besonders zwischen Egon und Gerti muss man sich den Umgang sehr vertraut vorstellen. Das Bild *Junges Mädchen* (1909, Abb. 7), das Schiele auf der Internationalen Kunstschau ausstellt, zeigt sie. 1909/10 ist die wohlgeformte Schwester das bevorzugte Aktmodell des Bruders, was die Mutter sicher nicht wissen durfte. Von der übrigen Familie jedoch, deren Weltbild von Bahn, Beamtentum und Bürgerlichkeit gerahmt wird, fühlt sich Schiele verkannt und in der Gestaltung seines Lebensentwurfs eingeengt.

In einem Brief an die Mutter schreibt Schiele: „Von nichts, und niemand half mir, ich habe meine Existenz mir zu verdanken ... Du aber tust mir unrecht, fortwährend, weil Du nicht begreifst, dass ich alles das, um dies schaffen zu können, unumgänglich notwendig brauche. – Warum hilfst Du mir nicht? – Ich habe mehr durchmachen müssen wie Du, im Verhältnis bis jetzt, warum vergönnt man mir nicht meine Freiheit, natürlich ist sie das höchste Gut und kostete und kostet unendlichen Kampf." Es ist in Inhalt und Tonlage kein ungewöhnlicher und kein unüberlegter, sondern vielmehr ein bezeichnender Brief des Künstlers – und doch tut er seiner Mutter unrecht darin; ihr, und auch den anderen Helfern am Wegesrand, denen Schiele durchaus seine Existenz verdankt. Schieles hochgespannte Ansichten über das Künstlertum und die eigene „Primbegabung" führen dazu, dass er Unterstützung

Abb. 51: *Selbstporträt, brauner Hintergrund*, 1912.
Abb. 52: *Triestiner Fischerboot*, 1912.
Abb. 53: *Dampfer und Segelboote im Hafen von Trieste*, 1912.

 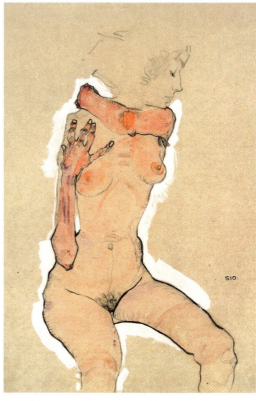

Abb 54: Gertrude Schiele, 1908/09.

Abb. 55: *Sitzender Akt (Gertrude Schiele)*, 1910.

als Selbstverständlichkeit auffasst und deren Ausbleiben als Frevel an der heiligen Kunst. „Den Künstler hemmen ist ein Verbrechen, es heißt keimendes Leben morden", schreibt er 1912 unter ein Bild.

Schon die „rohen Lehrer" im Klosterneuburger Realgymnasium sind Schiele keineswegs „stets Feinde", wie er in der *Skizze zu einem Selbstbildnis* schreibt. Im Gegenteil, ihre Förderung reicht weit über die Dienstpflicht hinaus. Das Zeichnen ist im alten Österreich ein Schulfach, und die Lehrkräfte sind gut ausgebildet. Egon Schieles Zeichenlehrer, Ludwig Karl Strauch (1875-1959), ist ein Veteran des Burenkriegs und der Griepenkerl'schen Malerschule. Er lässt Egon nach Schulschluss in seinem Privatatelier arbeiten. Später unternehmen der Lehrer und sein Schüler

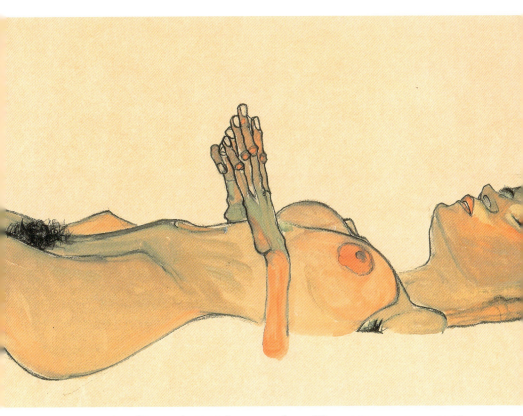

Abb. 56: *Totes Mädchen*, 1910.

gemeinsame Ausflüge in die Weinberge rund um Klosterneuburg, wo sie Schulter an Schulter im Freien malen. Schieles Religionslehrer Dr. Wolfgang Pauker sichert dem miserablen Realschüler des künstlerischen Talents wegen ein Stipendium des Domstifts, das nach dem Tod des Vaters den weiteren Schulbesuch ermöglicht. Auch außerhalb der Schulmauern erfährt Schiele in Klosterneuburg Anerkennung und Unterstützung: Max Kahrer (1878-1937), ein Landschaftsmaler, gibt dem Hochbegabten handwerkliche Ratschläge, besorgt ihm Malutensilien und erwirbt aus Hochachtung einige seiner Arbeiten.

Schieles Mutter Marie ist eine einfache, unter Schicksalsschlägen hart gewordene Frau, die mit ihrem Sohn sicherlich überfordert ist. Er bleibt ihr

Abb. 57: *Die Mutter des Künstlers (Marie Schiele)*, 1918.

Abb. 58: *Bildnis Max Kahrer mit gefalteten Händen*, 1910.

Abb. 59: Die Skizze *Leopold Czihaczek am Klavier* entsteht 1907 im Salon des wohlhabenden Vormunds Schieles.

fremd, und weil Rücksichtnahme weder ihre noch Schieles Sache ist, kommt es immer wieder zu Missklängen. Dennoch unterstützt sie ihr Kind, so gut sie es vermag. Sie ist es, die dessen kunstakademische Ausbildung durchsetzt, gegen den entschiedenen Willen des zum Mitvormund bestellten Onkels Leopold Czihaczek. Czihaczek, der sein Leben fest im Sattel einer gehobenen Ingenieurslaufbahn verbracht hat, ist alles andere als angetan davon, sein Mündel auf dem dürren Steckenpferd der Malerei durchs Leben reiten zu sehen. Seinen Widerstand bricht die resolute Mutter zuletzt in einer öffentlichen Szene auf den Stufen hinauf zur Kunstakademie, wo sich Egon einschreiben soll. Der breit gebaute Mann ist entschlossen, schlichtweg den Zutritt zu der Malerschule zu versperren, muss aber, als die scharfen Worte der Mutter Aufsehen erregen, unter Schnauben den Weg freigeben.

Wie in dieser, so macht Leopold Czihaczek auch in vielen weiteren Schiele-Anekdoten eine unglückliche Figur. Er erscheint darin wie ein aus dem Bilderbuch geschnittener Beamtenkopf, ein kleinkarierter Pedant ohne jedes Verständnis für die außergewöhnliche Gabe seines Neffen. Es steht zu befürchten, dass einige dieser Anekdoten von Egon Schiele persönlich stammen. In ihnen bleibt unerwähnt, dass Czihaczek Schieles Studium finanziert, und zwar, nach dem anfänglichen Protest, klaglos. Er öffnet ihm sein Haus, nimmt ihn in Konzerte und in die Sommerfrische mit, lässt sich mehrfach porträtieren. Mit Fug und Recht darf man in Czihaczek also keinen hartherzigen Gegner, sondern vielmehr den ersten Mäzen Schieles erkennen. 1910 kommt es zum Bruch, nachdem der Schulabrecher dem Onkel zu nachtschlafender Zeit kommentarlos hohe Geldforderungen ins Haus telegrafiert. Aus Böhmen, wohin er ohne ein Wort abgereist ist. Im Juni zieht Czihaczek seine Vormundschaft zurück und stellt die Subventionierung des immerhin zwanzigjährigen Schiele ein.

Nach dem Rückzug des reichen Onkels sehen wir Egon Schiele äußerst knapp bei Kasse. Das wird immer wieder der Fall sein und liegt nicht zuletzt daran, dass er „mit dem Geld ein bissl leicht" ist. Was er bekommt, behält er nicht lange in der Hand. Der einsame und verarmte Egon Schiele jedoch, der in Büchern und auch Filmen in „abgehatschten" Schuhen

Abb. 60: *Der Maler Max Oppenheimer, Kniestück*, 1910. 1908-10 arbeiten Schiele und der „Mopp" genannte Expressionist Seite an Seite.

Abb. 61: Franz Hauer, Wirt des Wiener „Griechenbeisl" und Sammler Schieles, im Kreise seiner Familie, um 1908.

Abb. 62: Schiele (links) und Arthur Roessler, Agent und Freund des Künstlers, auf Sommerfrische am Traunsee, Juli 1913.

und schlotternden Kleidern durch Wien zieht, ist ein Stück unter den Kahlenberg versetzte Montmartre-Romantik. Es gab ihn nicht. Vielmehr ist Schiele schon früh gut beschäftigt und vor allem, wie man heute sagen würde, gut vernetzt. Viele wichtige Verbindungen, etwa zur Wiener Werkstätte, hat Schiele schon zu Akademiezeiten oder bald darauf knüpfen können. Schnell schließt sich ein Ring wohlwollender Sammler um ihn, und er darf darauf vertrauen, durch den Abverkauf von Zeichnungen, die er in hoher Qualität und mit großer Geschwindigkeit anfertigt, die schlimmsten Löcher im Geldbeutel stopfen zu können.

Die meisten seiner Kunden, Förderer und Freunde finden wir ab 1910 in einer Serie von Porträts wieder, einige davon in Öl. Schieles Versuche, den Kreis der Abgebildeten durch Aufträge aus der Wiener Gesellschaft zu erweitern, scheitern. Obwohl sein Talent offenkundig ist, bleibt seine Karriere bis 1918 ein eher privates Phänomen. Das Porträtwerk Schieles, das einige seiner bemerkenswertesten Arbeiten enthält, ist eine Galerie jener Menschen, die dem Künstler persönlich nahestehen. Zu ihnen aber zählen bedeutende Mäzene.

1910 begegnet Schiele dem Großindustriellen Carl Reininghaus, der ein begeisterter Sammler moderner Malerei ist und dessen Wohnsitze den Kunstbesitz kaum aufnehmen können. Dieses Platzproblem spitzt sich durch den Erwerb zahlreicher Zeichnungen und Gemälde des Neukünstlers bald zu. Durch Schieles Vermittlung, so heißt es, gelangt auch Klimts 34 Meter langer *Beethovenfries* (1902) in Reininghaus' Sammlung, wo er der geplanten Zerstörung entgeht. Der Mediziner und Mäzen Oskar Reichel, der als Entdecker des damals noch verkannten Anton Romako (1832-1889) gelten darf, gehört ebenfalls zu den Schiele-Kunden der ersten Stunde und bleibt ein hart verhandelnder, aber treuer Abnehmer von dessen Arbeiten. 1912 stoßen mit Franz Hauer, dem Wirt des bekannten „Griechenbeisl" am Fleischmarkt, und der Familie des Spiritusfabrikanten August Lederer weitere ebenso kunstbesessene wie vermögende Sammler zum Zirkel um Schiele.

Einen ergebenen Bewunderer von besonderer Güte findet Egon Schiele in Heinrich Benesch. „Herr B.", wie Schiele ihn nennt, ist, wie so viele im Umfeld des Malers, ein Mann der Eisenbahn. Als Zentralinspektor steht er in Diensten der Südbahn. Trotz seiner vergleichsweise beschränkten Mittel ist er ein eifriger Kunstsammler. In einem bewegten Brief vom November 1910 bittet er Schiele, missratene Blätter bloß nicht wegzuwerfen oder zu verheizen, sondern ihm anzubieten. Er findet dabei zu der anrührenden Gleichung „Ofen=Benesch", aus der man gerne eine Vorstellung der väterlichen Freundschaft ableiten möchte, die den Beamten an den Künstler bindet und die ihn zum verlässlichen Helfer in der Not werden lässt.

Von herausragender Bedeutung sowohl als Freund als auch als Förderer ist Arthur Roessler. Roesslers Visitenkarte weist ihn als „Kunstschriftsteller" aus. 1909 besucht er als Kulturkorrespondent einer Wiener Zeitung die Debütausstellung der Neukunstgruppe im Salon Pisko. Seine spontane Begeisterung für Schieles

Abb. 63: „23. Mai 1913. Lieber Herr Reininghaus! Wann kommen Sie nun? Beste Grüße Egon Schiele" – Gestalteter Brief Schieles an Kunstsammler Carl Reininghaus.

Abb. 64: *Bildnis des Malers Paris von Gütersloh*, 1918. Gütersloh zählt 1918 zu den Organisatoren von Schieles erfolgreicher Ausstellung in der Secession.

Arbeiten verändert sein Leben und das des Malers gleich mit: Der wortgewaltige Publizist, der ein exzellenter Kenner des deutschen und österreichischen Kunstmarkts ist, wird zum Agenten Schieles und zu dessen Apostel. Seine Hand dürfte die Verbindungen zu Reininghaus, Reichel und Hauer geknüpft haben, sie führt Galeristen an Schiele heran und lenkt ihn auf gutverkäufliche Formate und Materialien. Roessler kümmert sich auch um das Organisatorische, das Schiele nicht liegt. Vor allem aber betreibt er eine intensive Öffentlichkeitsarbeit. Bis in die Gegenwart hinein prägt die nicht immer ganz der Wahrheit verpflichtete, aber stets wirkungsvolle Prosa Roesslers den Nachruhm Egon Schieles.

Nie gab es eine Schielegruppe, wie es eine Klimtgruppe gab, weder in Wien noch anderswo war Egon Schiele je der bevorzugte Künstler irgendeines bedeutenden Teils der Gesellschaft. Ein auf sich alleine gestelltes Künstlergenie, wie Schiele uns glauben machen will, war er aber auch nicht. Es dürfte vielmehr schwerfallen, einen jungen Künstler im damaligen Wien auszumachen, der so professionell betreut und von seinen Unterstützern so leidenschaftlich gefördert wurde wie Egon Schiele.

GLÜCK UND ELEND AUF DEM LAND

Dass sich der Kundenkreis Egon Schieles trotz bester Verbindung und Betreuung nur langsam weitet, hat viele Gründe. Sein kompromissloser, vergleichsweise wenig dekorativer Stil ist einer davon. Seine Bilder lassen sich kaum als Teil einer gediegenen Salonausstattung denken, wie sie in der Epoche der Raum- und

Gebrauchskunst gefragt ist. Deutlich wird das an Schieles 1910 angefertigtem Entwurf für das Palais Stoclet in Brüssel. Mit diesem Haus erschaffen der Architekt Josef Hoffmann und die Wiener Werkstätte ein Gesamtkunstwerk, ein Prestigeobjekt. Klimt liefert einen prächtigen, acht Meter langen Wandfries. Schieles Vorschlag für ein Glasfenster, der zwar honoriert, aber nie ausgeführt wird, zeigt ein kränkelndes Vorstadtmädchen, deren zweideutiges Lächeln und riesige Knochenhände Befremden, wenn nicht gar Unbehagen auslösen. Avantgardekunst, gewiss, aber nicht das Rechte für den Stoclet'schen Tempel der Schönheit. Wie der Mensch Egon Schiele, so kennt auch seine Kunst keine Zugeständnisse an den „guten Geschmack". Sie überblendet die Umgebung und fordert ungeteilte Aufmerksamkeit ein.

Abb. 65: *Heinrich Benesch und sein Sohn Otto*, 1913. Wie sein Vater ist auch Otto Benesch, später Direktor der Albertina in Wien, ein früher Bewunderer Schieles.

Abb. 66: *Bildnis Erich Lederer*, 1912. Der damals 15-jährige Sohn der Klimt-Sammler August und Serena Lederer ist ein eifriger Käufer von Schieles Zeichnungen.

Eine andere Erklärung dafür, dass Schiele seinen Stand in Wien nur langsam festigen kann, ist vergleichsweise simpel: Er ist anfangs nur selten da. Zwischen 1910 und 1912 verbringt er die Hälfte seiner Zeit fernab der Residenzstadt in der Provinz, zunächst in Krummau im südlichen Böhmen, später in Neulengbach, das etwa vierzig Kilometer westlich von Wien liegt. Während Arthur Roessler und andere sich bemühen, Kunden und Aufträge für ihn zu sichern, sucht Schiele vor allem Ruhe, um ungestört arbeiten zu können. Tatsächlich findet er auf dem Land das ersehnte stille Glück – und erlebt zugleich die tiefste Krise seines Lebens.

Im Frühjahr 1910 erhält Anton Peschka (1885-1940), ein Neukünstler wie Schiele und später Gatte von dessen Schwester Gerti, einen Brief. „Peschka!", schreibt Schiele darin, „ich möchte fort von Wien, ganz bald. Wie häßlich ist's hier. – Alle Leute sind neidisch zu mir und hinterlistig; ehemalige Kollegen schauen mit falschen Augen auf mich. In Wien ist Schatten, die Stadt ist schwarz, alles heißt Rezept. Ich will alleine sein. Nach dem Böhmerwald möcht' ich."

Abb. 67: Schieles Gartenatelier in Krummau, in der heutigen Linecká Nr. 343.

Abb. 68: Stille Gassen zu Füßen eines mächtigen Schlosses – Krummau um 1930.

Abb. 69: Arthur Roessler, Fotografie um 1915.
Abb. 70: *Porträt Arthur Roessler*, 1910.
Abb. 71: *Bildnis Arthur Roessler*, 1910.
Abb. 72: *Felderlandschaft (Kreuzberg bei Krummau)*, 1910.

Albertina

Abb. 73: *Krummauer Häuserbogen I (Die kleine Stadt V)*, 1915, ist das erste von drei Gemälden dieser Häusergruppe im Verlauf der Langen Gasse in Krummau.

Welche Verwicklungen hinter der Sehnsucht nach dem Lande stehen, lässt sich nicht mehr feststellen. Im Februar hat die Neukunstgruppe im „Klub deutscher Künstlerinnen" in Prag ausgestellt, wobei Egon Schiele erstmals erotische Zeichnungen gezeigt und für einen Wirbel gesorgt hat. Am Vorabend der Eröffnung nahm die Polizei 14 seiner Blätter in Beschlag, der Rest wurde dem Publikum diskret in einer Mappe gereicht. Vielleicht hat dieser Skandal zu Unmut innerhalb der Gruppe geführt. Ohnehin gab es Unstimmigkeiten zwischen Schiele und Anton Faistauer über die Führung des Künstlerverbundes. Möglicherweise spielt aber auch eine Angelegenheit eine Rolle, auf die ein Schreiben von Dr. Erwin von Graff hindeutet. Darin gibt der Wiener Gynäkologe und Radiologe seinem Künstlerfreund Auskunft über das Befinden einer offenbar schwangeren „L. A.", die in der Frauenklinik liege und „sehr unglücklich" über dessen „Untreue" scheine. Im Mai 1910 jedenfalls behebt Schiele sein Bankkonto und reist, ohne seiner Familie vorher ein Wort zu sagen, nach Krummau. Er bleibt zunächst bis August, kehrt aber schon im Oktober wieder, um den Herbst zu malen. Im folgenden Mai ist er wieder in Böhmen, und diesmal kommt er, um zu bleiben.

Böhmisch Krummau [Český Krumlov] ist damals ein Städtchen von rund achttausend Einwohnern. Die Moldau, die hier ein rauschender Strom ist, umfasst es in einer engen, tief ins Land eingeschnittenen Schlinge, und auf der so gebildeten Halbinsel stehen schwere, wohlgefügte Steinhäuser dicht an dicht am Saum schmaler Gassen. Über allem thront ein mächtiges Schloss, auf dem das Geschlecht derer von Rosenberg dreihundert Jahre blühte und dann erlosch. In seinem Schatten nimmt Egon Schiele Quartier, später kommt ein kleines barockes Gartenhaus als Atelier hinzu. Er zieht wohlweislich nicht bei seinen Krummauer Verwandten ein, denn er kommt nicht allein und seine Gesellschaft ist nicht einwandfrei. 1910 begleiten ihn die Neukünstler Anton Peschka und Erwin Osen (1891-1970). Letzterer ist ein charismatischer Maler, Tänzer, Sänger und Schwindler, unter dessen Einfluss

Abb. 74: *Die kleine Stadt IV (Krummau an der Moldau)*, 1914.

Abb. 75: *Männerporträt mit Schlapphut (Erwin Dominik Osen)*, 1910. Osen, eine schillernde, undurchsichtige Figur, begleitet Schiele nach Krummau.

Abb. 76: Die Gouache-Zeichnung *Alte Häuser in Krummau*, 1914, zeigt Häuser am Flössberg [Plešivec] in Krummau. Die kleinen Buchstaben an den Fassaden sind Farbangaben.

Schiele in dieser Zeit steht. Im Jahr darauf erscheint Schiele in Begleitung des minderjährigen Modells Wally Neuzil.

In der malerischen Altstadt und im sanften Hügelland rund um Krummau findet Schiele zur Landschaftsmalerei zurück. Vor 1908 hat sie sein Werk bestimmt, wurde dann aber, im Zuge seiner Neuerfindung als Neukünstler, vom Porträt verdrängt. Wie beim Porträt sucht Schiele nun auch in der Landschaft den Blick von oben. Mit dem Skizzenblock in der Hand sieht man den Maler auf dem Umgang des Krummauer Schlossturmes oder am steil aufragenden Ufer des Moldaubogens, von wo er das Gewinkel der alten Giebel und Mauern unter sich einfängt.

Mit den Krummauern versteht sich Schiele nach eigenem Bekunden prächtig. Besonders auf Kinder wirkt der schillernde Exot magnetisch, und er fertigt zahlreiche

Porträts von jungen Buben und Mädchen an, die ihn im Atelier besuchen. Am 25. Mai 1911 schreibt er an Arthur Roessler: „Ich heiße bei den Kindern der Herrgottsmaler weil ich in diesen Malhemd im Garten gehe; ich zeichne an verschiedenen Kindern und Frauen, Ledergesichter, Trotteln u. s. w.." Fünf Wochen später erhält Roessler aus Böhmen Meldung vom Ende des heiteren Dorfidylls: „Lieber Arthur R-r. Sie wissen, wie gern ich in Krummau bin; und jetzt wird es mir unmöglich gemacht: die Leute boykottieren uns einfach, weil wir rot sind ... Ich muß bis 6. August ausgezogen sein und will aber schon am 4. fortfahren und zwar nach Neulengbach. Ich bitte Sie senden Sie mir irgendeinen Betrag ich muß außerdem einige Kisten transportieren."

Schiele hat es sich mit einigen der „Frauen, Ledergesichter und Trotteln" gründlich verscherzt, und es

Abb. 77 (links): *Alte Giebelhäuser in Krummau vom Schlossberg aus*, 1917.

Abb. 78 (rechts oben): *Häuser an der Moldau, Krummau*, 1910.

Abb 79 (rechts unten): *Hauswand am Fluss (Altes Haus I)*, 1915.

wurde ihm mit Geräusch und Nachdruck die Wohnung gekündigt. Über die Ursachen können wir einmal mehr nur spekulieren. Dass er in Krummau als „Roter" auffällt, wie er schreibt und damit so viel wie „Bohemien" meint, ist unzweifelhaft. Es erklärt aber nicht die plötzliche Aufwallung. Eine Spur führt zu einem Gymnasiasten namens Wilhelm Lidl, dessen Leben durch Schiele aus der Bahn gerät. Er schickt dem Künstler bewundernde Briefe, gekünstelte Essays und Gedichte, zuletzt sind es brennende Liebesbekenntnisse. Im Juni 1911 wendet sich die Mutter des verwirrten Pubertierenden mit einem geharnischten Brief gegen Schiele. Da Lidl dem Maler das Atelier besorgt hat, hätte die Mutter sicher auch dessen Rauswurf bewirken können. Vielleicht ist sie die Quelle des öffentlichen Skandals. Eine andere Spur führt in den Garten Schieles. Dort, in einem frei einsehbaren Bereich, soll der „Herrgottsmaler"

Abb. 80: *Stehender Knabe mit langem Rock, die Hände zum Kopf erhoben*, 1910.

Abb. 81: *Drei Gassenbuben*, 1910.

im Hemd Aktbilder von einer Liesl Woitsch angefertigt haben. Liesl soll nicht nur blutjung, sondern auch die Nachbarstochter gewesen sein, und dieser Nachbar habe die ganze Angelegenheit schließlich herausbekommen. Auch in den Wiener Arbeitervierteln, wo Schiele viele seiner jungen Modelle findet, ist der freizügige Umgang mit Kindern anrüchig – in der heilen Welt von Krummau ist er eine schwere Sünde.

Dem hereinbrechenden Gewitter entkommt Schiele nach Neulengbach im Wienerwald, einem hübschen Marktflecken von eineinhalbtausend Seelen am Fuße einer grauen Festung, umgeben von weiten Feldern. Die Vorzüge Neulengbachs kennt Schiele gut, mehrfach hat er die Sommerfrische mit den Czihaczeks hier verbracht. Nun bezieht der Vertriebene ein einfaches Haus mit Garten, das er mit schwarz umlackierten Familienerbstücken möblieren lässt. Nach der Art von

Abb. 82: *Junger Mädchenakt im ockerfarbigen Tuch,* 1911.
Abb. 83: *Stehender Knabe nach links gewandt,* 1911.

van Goghs *Schlafzimmer in Arles* (1888/89) hat er dort das Bild *Das Zimmer des Künstlers in Neulengbach* (1911, Abb. 87) gemalt. So können wir uns die einfache, aber geschmackvolle Umgebung gut vorstellen, in welcher der Künstler den arbeitsreichen Nachsommer 1911 verbringt. Zu dessen Früchten zählen die Ausarbeitungen von Krummauer Motiven auf Leinwand und als „Brettlbilder", also auf Holz, die poetischen, menschlich beseelten *Herbstbäume* (1911) und metaphysisch aufgeladene Allegorien wie *Die Offenbarung* (1911), in der er nachspürt, welchen „Eindruck eine große Persönlichkeit auf die Mitwelt ausübt".

Im Frühjahr 1912 erfährt Egon Schiele, welchen Eindruck seine eigene große Persönlichkeit auf die ländliche Mitwelt ausübt. Noch immer ist sein junges Modell Wally um ihn, noch immer gehen Kinder in seinem Haus frei ein und aus. Auch in Neulengbach, wo man Gäste aus der Großstadt gewohnt ist, zieht er mit diesem Lebenswandel argwöhnische Blicke auf sich. Am 11. April überbringen ihm zwei Polizisten eine Vorladung. Als sich die Beamten in der Künstlerklause umsehen, beschlagnahmen sie 125 erotische Zeichnungen.

Abb. 84: *Sitzendes Mädchen mit Pferdeschwanz*, 1910.

Abb. 85: *Schwarzhaariger Mädchenakt, stehend*, 1910.

Abb. 86: *Weiblicher Akt auf kariertem Tuch*, 1911.

Abb. 87: *Das Zimmer des Künstlers in Neulengbach (Mein Wohnzimmer)*, 1911.

Abb. 88: *Zwei sich umarmende Frauen*, 1911.

Abb. 89: Neulengbach, um 1900.

Bilder aus dem Gefängnis:

Abb. 90: *Organische Bewegung des Sessels und Kruges*, 1912.

Abb. 91: *Die eine Orange war das einzige Licht*, 1912.

Abb. 92: *Die Tür in das Offene*, 1912.

Am Tag der Polizeivisite kann Schiele einer kleinen Zeitungsnotiz entnehmen, dass die „Titanic", das größte und herrlichste Schiff der Welt, zu ihrer Jungfernfahrt nach New York aufgebrochen ist. Die Schlagzeile von deren Untergang im Nordatlantik erreicht ihn nicht mehr – abgeschnitten von der Welt und den eigenen Schiffbruch vor Augen, sitzt er in der Zelle Nr. 2 des Bezirksgerichts Neulengbach ein. Die Anklage lautet auf „Entführung" und „Schändung" der 13-jährigen Tatjana von Mossig. Bei einer Verurteilung erwarten ihn bis zu zwanzig Jahre Kerker. Sein Grauen im Angesicht einer solchen Bedrohung schlägt sich in 13 aquarellierten Zeichnungen und Gouachen nieder. Es ist ein eindringlicher, in der Kunstgeschichte einmaliger Zyklus über die Seelenpein, aber auch den Trotz eines Eingesperrten (Abb. 90-94).

Später wird Schiele seinen Fall so schildern: „... das Schicksal wollte es daß ein Mädchen mich gerne sah und es soweit brachte, daß es selbständig zu mir kam. – ich schickte es fort. – es kam aber am nächsten

Abend wieder und ging nicht fort. Niemand war in der Nähe der es holen konnte. – Und hätte ich jemanden gerufen, so mußte ich ein Drama befürchten. also ließ ich es bei mir und schrieb an seine Eltern. – Ihr Vater holte es. – Man überzeugte sich daß es unberührt war, – trotzdem kam es vors Gericht. – Damals wurde ich gemein erniedrigt für meine Güte ...". Tatsächlich werden die Anklagepunkte, die das Mädchen betreffen, in der Hauptverhandlung vor dem Kreisgericht St. Pölten fallengelassen. Um es deutlich auszusprechen: Schiele hat Minderjährige nackt, in erotischen Posen und masturbierend dargestellt; nichts aber, keine Zeile seiner Briefe, kein Wort von Freunden oder Feinden deutet darauf hin, dass dies unter Zwang geschehen sein könnte oder dass er Kinder körperlich begehrt hätte. Unbedenklich ist sein freizügiger Umgang dennoch nicht. Am 4. Mai, nach 21-tägiger Untersuchungshaft, wird Egon Schiele zu drei Tagen Arrest verurteilt. Grund ist ein „Farbblatt, darstellend ein ganz junges, nur am Oberkörper bekleidetes Mädchen". Schiele hatte es an die Wand geheftet, vielleicht an genau der Stelle, an der auch *Das Zimmer des Künstlers in Neulengbach* ein Bild zeigt. Weil

Bilder aus dem Gefängnis:

Abb. 93: *Ich werde für die Kunst und für meine Geliebten gerne ausharren!*, 1912.

Abb. 94: *Den Künstler hemmen ist ein Verbrechen, es heißt keimendes Leben morden!*, 1912.

Abb. 95: Stillleben aus dem Atelier – *Schieles Schreibtisch*, 1914.

Abb. 96: Schiele im Atelier, Hietzinger Hauptstraße 101, Wien, 1915. Im Hintergrund ist das Bild *Tod und Mädchen* aus demselben Jahr zu erkennen.

Abb. 97: Schiele als Sammler – eine mit Kunst und Kuriositäten gefüllte Vitrine in seinem Studio, 1916.

Kinder zu Schieles Räumen Zutritt hatten, sieht das Gericht den Tatbestand der „gröblichen und öffentlichen Verletzung der Sittlichkeit oder Schamhaftigkeit" erfüllt. Im Ermessensspielraum der Richter empfängt Egon Schiele ein mildes Urteil.

Sofort nach seiner Entlassung aus dem Arrest verlässt Schiele, der Ruhe suchte und dabei so viel Unruhe erzeugte, Neulengbach. Er lässt Möbel, Hab und Gut zurück, und auch eine Schaffensperiode. Es entstehen nun kaum noch Kinderporträts, und die wenigen, die er noch anfertigt, haben nichts Erotisches.

Im Wiener Atelier

Aufgewühlt eilt Egon Schiele nach Wien, dann nach Klagenfurt, von dort weiter nach Triest, schließlich an den Wörthersee; kaum zurück in Wien, reist er auch schon wieder ab, nach Bregenz. „Mir ekelte vor meiner früher so innig geliebten melancholischen Landschaft in Neulengbach", schreibt er im Rückblick auf diese Zeit. „Es trieb mich als Gegensatz an die Grentze; ich blieb in Bregenz 1912 und sah nichts als den verschieden stürmenden See und ferne weiße sonnige Berge in der Schweiz. – ich wollte ein neues Leben beginnen."

Im Herbst legen sich die Stürme in Schiele allmählich, und er beginnt kein neues Leben, aber doch einen neuen Lebensabschnitt. Zwei Menschen helfen ihm dabei. Mit Franz Hauer, an den die obenstehenden Zeilen gerichtet sind, findet ein neuer Sammler an seine Seite. Schiele spricht zeitlebens nur mit sehr wenigen Menschen über die Neulengbacher Affäre. Dass er sich dem älteren Hauer gegenüber öffnet, deutet auf ein besonderes Vertrauensverhältnis. Der junge Erich Lederer ist der andere, an den er sich in diesen Monaten anschließt. Dessen Eltern, August und Serena Lederer, besitzen eine bedeutende Gustav-Klimt-Sammlung. Schiele wird eingeladen, den Jahreswechsel 1912/13 auf dem Familiensitz der Lederers in Raab [Györ] in Ungarn zu verbringen. Dort betritt er eine ihm bislang verschlossene Welt, „äußerst elegant", mit „Equipage" und „Diener, grau mit Silberknöpfen". Per Expresspost erbittet der ungewohnt unsicher auftretende Schiele von Arthur Roessler Auskunft über das Trinkgeld, das man in einem solchen Hause dem Diener schuldig sei – und um Zusendung des

Abb. 98: Schiele am Schreibtisch in seinem Atelier, 1914.

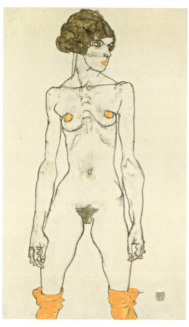

entsprechenden Betrags in bar. Die freundliche Aufnahme in einer Familie aus höheren Kreisen verändert Egon Schieles Leben nachhaltig.

Neulengbach, vor kaum acht Monaten verlassen, liegt hinter ihm. Aus dem Großstadtflüchtling wird ein Wiener Maler. Im Oktober 1912, noch vor seiner Abfahrt nach Raab, bezieht Schiele eine neue Atelierwohnung in der Hauptstadt. Sie liegt in der Mansarde eines Hauses in der Hietzinger Hauptstaße 101, Wien XIII, in einer gehobenen Gegend für ein gesetztes Leben. Er wird das Studio bis zuletzt behalten, wenn er auch in den letzten vier Monaten seines Lebens zusätzliche Räume in der nahe gelegenen Wattmanngasse 6 anmietet.

Einige erhaltene Fotografien und ein Gemälde erlauben einen Einblick in das Atelier des Künstlers. Man muss es sich als großen, von Bogenfenstern erhellten Raum vorstellen. Die Wände sind weiß verputzt und schmucklos, die Einrichtung nüchtern und vorwiegend dunkel: hohe, schmale Spiegel, Schreibtisch, Holzsessel, Schemel, Staffeleien, Ablagen für Malutensilien, an die Wand gelehnte Bilder, Leinwände, Holztafeln. Einige Möbelstücke kann Schiele aus Neulengbach auslösen. Bald lässt er sich elektrisches Licht einleiten, damals eine keineswegs selbstverständliche Ausstattung, die es ihm erlaubt, im Winter

Abb. 99: Der Künstler in Aktion – *Schiele mit Aktmodell vor dem Spiegel zeichnend*, 1910.

Abb. 100: *Stehendes nacktes Mädchen mit orangefarbenen Strümpfen*, 1914.

Abb. 101: Der Zeichner Egon Schiele kennt keinen Radiergummi – *Mädchen (Akt mit gelbem Tuch)*, 1913.

auch nach 16 Uhr zu arbeiten. Wenn er gerade Geld hat, sammelt Egon Schiele, und mit der Zeit füllen sich Ablagen und zwei stattliche Schauschränke mit Heften und Folianten, Holzspielzeug und javanesischen Schattenspielfiguren, die er mit großen Geschick zu bewegen weiß, Fächern und Vasen, kurz: mit einem bunten Allerlei aus Kunst, Plunder und Folklore. Besonders scheint das Herz des „ewigen Kindes" an einem dreibeinigen Holzpferdchen zu hängen. Er hält es auf dem Bild *Schieles Schreibtisch* (1914, Abb. 95) sowie auf einer Porträtfotografie (1914, Abb. 3) fest, und auch auf einem Plakatentwurf (1915) für eine seiner Ausstellungen taucht es auf.

In dieser Umgebung, halb Werkstatt und halb Wunderkammer, können wir Schiele bei der Arbeit zeigen, und hier dürfen wir die Szene spielen lassen, mit der Heinrich Benesch den Zeichner schildert: „Seine Zeichenkunst war phänomenal. Die Sicherheit seiner Hand war fast unfehlbar. Beim Zeichnen saß er meist auf einem niedrigen Schemel, das Reißbrett mit dem

Abb. 102: *Die Brücke*, 1913. Vorbild war eine von Schiele als „asiatisch" empfundene Brücke über den Fluss Raab in Ungarn.

Abb. 103: *Stein an der Donau, vom Süden gesehen (groß)*, 1913.

Abb. 104: *Der Lyriker (Selbstdarstellung)*, 1911.

Abb. 105: *Selbstseher II (Tod und Mann)*, 1911.

Zeichenblatte auf den Knien, die zeichnende rechte Hand auf die Unterlage gestützt. Aber ich sah ihn auch anders zeichnen, vor dem Modell stehend, den rechten Fuß auf einen niedrigen Schemel aufgesetzt. Das Reißbrett stützte er auf das rechte Knie und hielt es mit der Linken am oberen Rand fest. Nun setzte er den Bleistift mit freistehender Hand senkrecht auf das Blatt und zog, sozusagen aus dem Schultergelenke heraus, seine Linien. Und alles saß richtig und fest. Kam er einmal daneben, was äußerst selten der Fall war, so warf er das Blatt weg; er kannte keinen Radiergummi. ... Die

Kolorierung erfolgte immer ohne Modell aus dem Gedächtnisse."

Ab 1913 entsteht der Großteil der Porträts in der Hietzinger Hauptstraße, und auch die Landschaftsbilder erschafft Schiele überwiegend in der vertrauten Umgebung des Studios. In einem Brief an Franz Hauer schreibt er: „... ich finde und weiß, daß das Abzeichnen nach der Natur für mich bedeutungslos ist, weil ich besser Bilder nach Erinnerung male, als Vision von der Landschaft." Als Visionen des in der Natur Geschauten erwachsen an der Staffelei in Wien geometrisch

Abb. 106: Das Bild *Kardinal und Nonne (Liebkosung)*, 1912, gilt als Anspielung an Klimts *Der Kuss*. Es zeigt Schiele und Wally Neuzil.

Abb. 107, 108, 109, 110 und 111: 1914 entsteht eine ganze Serie von Foto-Selbstporträts wie diesen. Auffällig ist die Haltung der Hände, die an Schieles Gemälde und Zeichnungen erinnert. Das Bild links außen hat der Künstler nachträglich übermalt.

strukturierte Kompositionen wie die Varianten des Krummau-Motivs *Die kleine Stadt* (1913/14) und *Gelbe Stadt* (1914) oder, als Ernte einer Sommerreise, die vier *Bildnisse der Stadt Stein* (1913). Bei der Ausarbeitung seiner Entwürfe experimentiert Schiele mit Farbe und Auftrag. In den Gouache-Akten leuchten Geschlechtsteile, Brustwarzen und Lippen, manchmal auch Augen, knallrot dem Betrachter entgegen; Landschaftspartien bewegt und betont Schiele durch kräftiges Blau, Rot und Gelb. Seit 1910 mischt er seinen Farben Syndetikon bei, einen billigen, aus Fischleim hergestellten Haushaltsklebstoff, der sie dickflüssiger werden lässt, ihnen Glanz verleiht und ihre Modellierung mit dem Pinsel erlaubt.

Neben Porträts und Landschaften bestimmen große Allegorien das Werk Schieles: geheimnisvolle, schwermütige Figuren oder Gruppen, meist vor dunklem

Hintergrund. Ihnen misst der Künstler den größten Wert bei. Kunden, Kritiker und Kunstwissenschaftler tun sich mit ihnen am schwersten. Auch Arthur Roessler, der sich häufiger als jeder andere mit Schiele über dessen Arbeit ausgetauscht haben dürfte, muss bei der Entschlüsselung raunender Titel wie *Selbstseher* (1911, Abb. 105), *Entschwebung* (1915) oder *Tod und Mädchen* (1915), die allesamt Selbstporträts bezeichnen, passen: „Der persönliche Umgang mit Schiele gibt keinerlei Behelfe zur Erschließung mancher Rätselhaftigkeit in seiner Malerei", stellt er 1913 fest. Auch die Entstehung dieser Bilder umgibt unauflösliches Dunkel. Die für diese Bilder so charakteristischen Gesten, die auffällig vergrößerten Hände, die hinter den Ballen abgeklappten Daumen, die ausgestellten Knie und die verdrehten Köpfe, formt Schiele offenbar unmittelbar auf der Leinwand, einer eigentümlichen Eingebung folgend. Auf keiner Vorzeichnung, Studie oder Skizze tauchen sie auf. „Seine Kunst ist monologisch und in einem gewissen Betracht dämonomanisch", schreibt Arthur Roessler über den Allegoriker Egon Schiele, und das moderne, lichte Studio muss uns hier wie die schwarze Küche eines Alchemisten erscheinen, in der nach geheimer Rezeptur tief in die Seele des Künstlers hinabreichende Bedeutung beschworen wird.

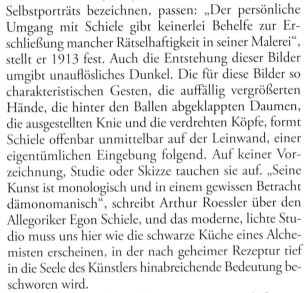

Abb. 112: Eine von nur sechs Kaltnadelradierungen Egon Schieles – das *Bildnis Arthur Roessler*, 1914.

Kaum weniger bemerkenswert ist, was sich für wenige Monate im Frühsommer 1914 in dem Studio abspielt: Innerhalb kürzester Zeit eignet sich Schiele die Technik der Kaltnadelradierung an, die besonders von den Expressionisten im Deutschen Reich geschätzt und geübt wird. Nach nur sechs Platten gibt er das Radieren als zu umständlich wieder auf. Gemeinsam mit fünf Lithographien, zwei Holz- und vier Gummischnitten, die wir von Schiele kennen, gehören sie jedoch zu den Meisterleistungen expressionistischer Grafik in Österreich.

Abb. 113: *Rothaariges Mädchen in schwarzem Kleid mit gespreizten Beinen*, 1910.

Abb. 114: *Mädchenhalbakt mit roten Haaren*, 1917. Das Bild ist trotz der gestürzten Signatur als Querformat gedacht.

Frauen

Auch über einen anderen wichtigen Teil des Atelierlebens ist nur wenig bekannt: Über die Frauen und Mädchen, die in der kühlen Malerwerkstatt posieren und deren Körper Schiele in zahllosen Zeichnungen und Gouachen festhält.

Viele dieser Arbeiten sind sexuell stark aufgeladen. Geschlechtsteile fesseln den frühreifen

Künstler. Ohne viel Federlesens dreht und wendet er seine Modelle, sucht unter rasch aufgerafften Unterröcken und Blusen den Anblick von Brüsten und Scham und taucht sie in grelle Farben wie unter Flutlicht. Sein Bleistift stellt sie im Detail zur Schau, während er über andere Körperpartien flüchtig hinweggeht. Gebannt vollzieht Schiele wieder und wieder die Berührungen bei der Selbstbefriedigung oder die Verschränkungen der Körper beim Liebesspiel auf seinem Papier oder Malkarton nach. Diese „Visionen des Lasters", wie Arthur Roessler 1918 schreibt, haben in ihrer schamlosen Nähe „nichts Lockendes, nichts Verführerisches". Es fehlt ihnen jede Wärme, sie sind ohne Trost und Illusion, die Gesichter sind ohne Leidenschaft, die Leiber verspannt. Dennoch wurden die Blätter als Erotika gesammelt, und es ist Schiele natürlich nicht entgangen, dass gerade die expliziten Zeichnungen und Gouachen besonders gut liefen. Knickspuren lassen vermuten, dass mancher Sammler den

Abb. 115: *Schwarzhaariges Mädchen mit hochgeschlagenem Rock*, 1911.

Abb. 116: *Sitzende Frau mit hochgeschobenem Kleid*, 1914.

Abb. 117: *Stehende Frau in Rot*, 1913.

Abb. 118: *Weibliches Modell in feuerroter Jacke und Hose*, 1914.

Abb. 119: *Die Mutter und die Tochter*, 1913.

verfänglichen Teil der Motive diskret nach hinten gefaltet und dem Privatgenuss vorbehalten hat. Als Pikanterien für Liebhaber hat Schiele seine Blätter indes nie gesehen – sie sind vollwertige und signierte Neukunst: „Auch das erotische Kunstwerk hat Heiligkeit!", gibt er 1911 als provokante Losung aus. Der Erregungszustand ist bei Egon Schiele generell hoch. In den Aktbildern mischt sich die Lust des jungen Malers am Bruch künstlerischer Konventionen mit der unbändigen sexuellen Neugierde eines jungen Mannes.

Schieles Bedarf an Aktmodellen ist groß. Er bevorzugt schlanke, besonders zu Beginn seiner Karriere auch kindliche oder pubertierende Körper. Letzteres hat nicht nur ästhetische Gründe. Als Schiele 1910 einmal Gelegenheit erhält, in der Frauenklinik des Gynäkologen Dr. Erwin von Graff Schwangere im Akt zu porträtieren, entsteht eine ganze Serie dieser Bildnisse mit prallen Bäuchen und schwellenden Brüsten. Es fällt Schiele anfangs jedoch schwer, erwachsene Modelle zu finden. Das Gewerbe professioneller Modelle ist damals kein angesehenes, und viele von ihnen sind im Haupterwerb Prostituierte. Schiele kann ihre Preise kaum bezahlen, und man darf davon ausgehen, dass der junge, wenig erfahrene Künstler zunächst auch Scheu gegenüber Damen der Halbwelt empfand.

Dass er sich um 1910 für seine Akte vor allem mit seiner Schwester Gerti behilft, ist also in gewisser Weise naheliegend, zumal die Reize der frisch erblühten 15-Jährigen offenkundig sind. Erstaunlich bleibt, wie entschieden Schiele ihr gegenüber jede Scheu und Zurückhaltung, selbst jedes Taktgefühl abstreift. „Zu allem und jedem zog er mich zu und hatte eine zähe, oft tyrannische Art, meine Dienste in Anspruch zu nehmen", erinnert sich Gerti später. „Mit der Uhr in der Hand kam er zeitig morgens zu meinem Bett und weckte mich, ich sollte ihm Modell stehen und zwar auf Kommando." Im Atelier angelangt, außer Sicht der Mutter, verlangt ihr der 19-jährige Bruder in forschem Ton manche Pose ab, die auch unter vertrauten Geschwistern eine Zumutung dargestellt haben dürfte.

Ebenfalls leicht verfügbar und teils noch jünger als Gerti sind die Mädchen, die Schiele in den Wiener Arbeiterquartieren anspricht. Für ein paar Heller oder auch nur die Aussicht, einige Zeit der Enge ihres Zuhauses zu entfliehen, folgen sie dem Maler in dessen Werkstatt. Schieles Umgang mit ihnen muss freundlicher gewesen sein als der Schwester gegenüber, aber, betrachtet man die frappierend freizügigen Stellungen, in denen er sie zeichnet, nicht minder bestimmt.

Abb. 120: *Verschlungene Akte (Umarmung)*, 1912. Laut Heinrich Benesch, dem ersten Käufer des Blattes, zeigt es den Künstler selbst mit einem Modell.

Abb. 121: *Mädchenakt mit verschränkten Armen (Gertrude Schiele)*, 1910.

Abb. 122: Wegbegleiterin, Kameradin, Geliebte und Modell – Wally Neuzil mit dem Künstler, 1913.

Abb. 123: Dokument einer Liebe – Schieles *Selbstbildnis mit Lampionfrüchten*, 1912, und das *Bildnis Wally Neuzil* auf der gegenüberliegenden Seite bilden ein Bildpaar.

Ob manche der nicht mehr ganz unschuldigen Mädchen, die mit klopfendem Herzen die Stiege zu Schieles Studio hinaufsteigen, dort nicht nur den exzentrischen Künstler finden, sondern auch den Geliebten? Einige Zeichnungen von 1911 lassen es vermuten. Die erste Liebhaberin jedoch, die sich für uns in Fleisch und Blut aus der namenlosen Menge der Leiber in Schieles Zeichnungen und Gouachen erhebt, ist Wally Neuzil.

Wally ist eine einfache Frau aus einfachen Verhältnissen. Wie viele „Wiener Mädel" stammt sie aus der Provinz und kommt in der vagen Hoffnung in die Residenz, in deren Glanz ihr Glück zu finden. Es begegnet ihr zunächst in der stattlichen Gestalt von Gustav Klimt, dessen Modell und, mit großer Wahrscheinlichkeit, Bettgefährtin sie wird. 1911, mit 17 Jahren, wird sie von Klimt an Egon Schiele „übergeben". Wie auch immer man sich diesen Vorgang vorstellen mag – Geschenkte und Beschenkter scheinen mit ihrem Los zufrieden. Wally findet in Schiele ihre große Liebe. Schiele findet in der rothaarigen Wally mit den leuchtend grünen Augen ein williges, freizügiges Modell, eine bei jungen Jahren erfahrene Liebhaberin und einen aufopferungsvollen Kameraden in schweren

Abb. 124: *Bildnis Wally Neuzil*, 1912.

Abb. 125: *Knieende Frau mit grauem Umhang (Valerie Neuzil)*, 1912.

Zeiten. Bei dem bitteren Abschied von Krummau, der dem erfüllten Frühsommer dort folgt, geht Wally an seiner Seite; in der Neulengbacher Affäre benimmt sie sich „so edel", dass ihn „dies fesselte", wie Schiele bekennt.

Wally mag Schiele fesseln, das heißt aber nicht, dass er je daran dachte, sich dauerhaft zu binden. In Krummau sucht er Wally ein eigenes Quartier. Nach Neulengbach pendelt sie von Wien aus. Als Schiele sich in der Hietzinger Hauptstraße häuslich einrichtet, findet sich für sie ein Zimmer in der Nähe. Zu keinem Zeitpunkt ist sie „Schieles Frau". Noch 1913 ist sie für Arthur Roessler, den engen Vertrauten, nur „ein Modell". Für Anton Peschka, den Künstlerfreund, eine „Prostituierte". Beide meinen letztlich dasselbe: Wally ist nicht „solid", sie ist Gespielin, keine Gefährtin.

Schiele dürfte das ähnlich gesehen haben. Die Beziehung endet, als sich Schiele nach einer festen Bindung umsieht. Ende März 1913 geben Gerti Schiele und Anton Peschka ihre Verlobung bekannt. Schiele reagiert mit kopfloser Eifersucht und einigen hässlichen Briefen, und er verzögert die Hochzeit bis in den Winter 1914. Das Ereignis wühlt ihn sichtlich auf. Schon bald nach der Trauung der Vorzugsschwester

Abb. 126: *Edith Schiele in gestreiftem Kleid, sitzend,* 1915. Das Kleid, das Edith hier und auf anderen Bildern trägt, näht sie selbst – aus den Gardinen in Schieles Atelier.

Abb. 127: *Die Frau des Künstlers,* 1915.

Abb. 128: Edith Schiele um 1916.

schreitet er selbst zur Tat. Am 16. Februar 1915 schickt der Maler eine eng beschriebene Karte an Roessler. Darauf unterrichtet er ihn, wie häufig, im Telegrammstil über seine künstlerischen Aktivitäten. Mit einem Satz, eingestreut unter die vermischten Nachrichten, bricht Schiele den Stab über Wally und stellt die Weichen für seine Zukunft um: „Habe vor zu heiraten, – günstigst, nicht Wal vielleicht." Vier Monate später, am 17. Juni 1915, heiratet Egon Schiele die 22-jährige Edith Harms. Die Glocken der Wiener Dorotheerkirche

läuten nicht, keine weiße Taube steigt über dem Paar auf: Es ist eine formlose Kriegstrauung ohne Aufgebot; die Mutter des Bräutigams ist abwesend.

Wally und Schiele sehen sich danach nicht wieder. Angeblich wollte sich der Künstler trotz seiner Heirat verpflichten, „alljährlich im Sommer eine mehrwöchige Erholungsreise" mit ihr zu unternehmen. Ein Angebot, dessen Unsinnigkeit Wally erkannt haben dürfte. Ihre Spuren verlieren sich bald. Erst Jahrzehnte später entdeckt ein Kunsthistoriker ihren Namen auf der Verstorbenenliste eines abgelegenen k. k. Marodenhauses in Dalmatien. 1917 ist sie dort als Krankenschwester dem Scharlach erlegen.

Anders als Wally ist Edith Harms eine Frau von untadeligem Lebenswandel. Die Allgemeinbildung der ehemaligen Klosterschülerin ist der Schieles überlegen. Ihr Vater ist Eisenbahnschlosser, die Mutter aber hat etwas Kapital in die Ehe eingebracht, und man lebt in bescheidenem Wohlstand. Schiele heiratet also in der Tat „günstigst", wie er schreibt, eine Frau aus gutem, bürgerlichem Hause. Das gute Bürgerhaus der Harms' liegt zudem günstig, dem Atelier des Künstlers genau gegenüber, in der Hietzinger Hauptstraße 114. Im Januar 1914 scheint Schiele Edith dort entdeckt zu haben. Anfangs ist er sich unsicher, ob er ihr oder der älteren, nicht minder hübschen Schwester Adele den Vorzug geben soll. In charmant-anzüglichen Briefen wirbt er um beide: „Sehr geehrtes Fräulein! ich weiß nicht, ob das Frl. mit den blonden Haaren oder mit den dunklen Haaren Adda heißt. beide

Abb. 129: Wally kann Schiele nicht halten – die Gouache-Zeichnung *Liebespaar (Selbstdarstellung mit Wally)* entsteht 1914/15; im selben Jahr heiratet Schiele Edith Harms.

sind schlimm, wie ich!" Erst Anfang Januar 1915 verrät die Korrespondenz, die ein ganzes Jahr lang in Karten und Zettelchen den Fahrdamm der Hietzinger Hauptstraße kreuzt, eine Entscheidung. Zwar lädt Schiele beide Schwestern – und auch Wally – zum gemeinsamen Kinobesuch ein, aber es ist Ediths Hand, die ein hastiges „Meine Mama darf nichts davon wissen" unter die Zusage setzt. Ende Januar öffnet sie ihr Herz: „Ich hab Dich ja so unendlich lieb!" Die Verlobung folgt im März.

Die Ehe mit Egon Schiele ist für Edith nicht immer einfach. Nur vier Tage nach der Trauung zieht der Maler in den Krieg, und Edith reist ihrem Mann wie eine Marketenderin von Stationierung zu Stationierung hinterher. Erst 1917 stellt sich in Wien ein einigermaßen geregeltes Eheleben ein. Dieses Leben stellt hohe Anforderungen an Ediths Toleranz und Vertrauen. Gerade in den letzten Jahren seines Lebens, 1917 und 1918, schafft Schiele besonders viele erotische Frauenporträts. Es heißt, Edith habe anfangs darauf bestanden, sein einziges Aktmodell zu sein. Sollte das so gewesen sein, hat sie diesen Anspruch nicht lange erhoben, sei es, weil Schiele sich nicht beschränken wollte, sei es, weil sie sich den motivischen Anforderungen nicht dauerhaft gewachsen fühlte. Pikant bleibt, dass nicht nur professionelle Modelle vor ihrem Mann das Mieder öffnen, sondern auch die eigene Schwester Adele. Eine der bekanntesten Gouachen Schieles, die *Sitzende*

Abb. 130: *Zwei Mädchen, in verschränkter Stellung liegend, (Weibliches Liebespaar)*, 1915.

Abb. 131: *Kauernde Frauen*, 1918.

Abb. 132: *Sitzendes Paar (Egon und Edith Schiele)*, 1915.

Abb. 133: Zeigt vermutlich die Schwägerin Schieles, Adele Harms – *Sitzende Frau mit hochgezogenem Knie*, 1917.

Frau mit hochgezogenem Knie (1917, Abb. 133), zeigt vermutlich sie. Irritierend ist auch das Bild *Sitzendes Paar* (1915, Abb. 132), auf dem sich Edith mit Schiele abgebildet findet: Während sie ihn von hinten umschlingt, liegt der Künstler abwesend und lust- und leblos wie eine mechanische Puppe in ihren Armen, der Blick stier, die Hand am Geschlecht.

Bei alledem scheint das Familienleben der Schieles aber doch harmonisch verlaufen zu sein. Ediths Briefe an Egon zeugen von Liebe, Bewunderung und der Hoffnung auf eine glückliche Zukunft. Als sie am 28. Oktober 1918 stirbt, ist sie im sechsten Monat schwanger.

KRIEGSDIENST

Im Juni 1914 sitzt Egon Schiele über den Druckplatten, die seit kurzem in seiner Werkstatt lagern. Das anfangs ungewohnte Material bereitet ihm keine Schwierigkeiten mehr, und in drei der Platten ritzt er nun die Bildnisse Kauernde, Kümmernis und Arthur Roessler ein. Auf dem Schreibtisch liegt erfreuliche Post: Aus Berlin schreibt der Verleger Franz Pfemfert, in dessen expressionistischer Zeitschrift „Die Aktion" soeben Schieles Neukunstmanifest erschienen ist und der nun einige Zeichnungen abdrucken möchte; aus München, wo gerade das Gemälde *Blinde Mutter* (1914) in der Secession zu sehen ist, schreibt sein Galerist Hans Golz und bittet um Bilder für eine größere Ausstellung;

Arthur Roessler grüßt per Postkarte aus Brüssel, wo der Salon Triennal vier Zeichnungen und drei Gemälde von Schiele zeigt. Eines davon, *Sonnenblumen* (1914), geht für satte dreitausend Franc an einen Sammler. Der Sommer 1914 verspricht, ein guter für Egon Schiele zu werden.

Das Geld aus Brüssel erreicht Schiele jedoch nicht mehr; die *Sonnenblumen* wird er erst 1917 wiedersehen, als sie über Umwege wieder nach Wien gelangen. Der Grund dafür sind zwei Schüsse, die am 28. Juni in Sarajevo abgegeben werden und die ganze Welt erschüttern. Aus nächster Nähe feuert der 19-jährige bosnisch-serbische Nationalist Gavrilo Princip auf den österreichischen Thronfolger Franz Ferdinand von Este und dessen Frau, die Gräfin Chotek. Kurz zuvor sind beide einem Bombenanschlag entronnen, Princips Kugeln treffen tödlich. Der Mord löst eine diplomatische Krise zwischen Österreich-Ungarn und Serbien aus. Ende Juli wird daraus ein Krieg auf dem Balkan, Anfang August der Erste Weltkrieg.

Der Krieg bildet die Kulisse der letzten Lebensjahre Egon Schieles. Im Juni 1915 wird er eingezogen, und er bleibt bis 1918 Soldat. Die Unterzeichnung des Waffenstillstands erlebt er nicht mehr. Dennoch sind Militär und Krieg in seinem Werk so gut wie unsichtbar. Eine Porträtserie russischer Kriegsgefangener, einige Kameradenbildnisse, vereinzelt Zeichnungen von Dienststuben, mehr ist dort nicht zu finden. Nichts Patriotisches, nichts Kritisches. Ein Schiele-Bild mit dem reißerischen Titel *Heldengräber-Auferstehung* (1917), das wir in einem Katalog finden, entpuppt sich als die schon 1913 entstandene *Auferstehung*. Er hat sie für die Kriegsausstellung im Wiener Prater umbenannt, weil die dort gezeigten Bilder nun einmal „irgend einen, wenn auch entfernten Zusammenhang mit dem Krieg haben" mussten. Seine Bilder haben keinen. Vor 1914 zeigen seine Porträts nervöse und dunkle Stimmungen, nun werden sie etwas gedämpfter, weniger exaltiert. Darüber, ob der Krieg diesen Stilwandel mitbewirkt, kann man spekulieren. Als Motiv

Abb. 134: *Schwägerin des Künstlers in gestreiftem Kleid, sitzend*, 1917.

Abb. 135: *Putte (Anton Peschka jr.)*, 1915 – das Blatt zeigt den Sohn Gertis und Anton Peschkas.

Abb. 136: Schiele im ungeliebten „Affenanzug" und mit Kameraden verschiedener Dienstgrade im Lager Mühling, 1916.

interessiert er Schiele nicht – er hat seine Themen lange vorher gefunden, und er bleibt ihnen treu.

Dass Schiele sich mit den Schrecken des Weltkrieges nicht näher befassen muss, dass er in dieser Zeit der gewohnten künstlerischen Arbeit überhaupt nachgehen kann, verdankt er einem fast sagenhaften Glück und Geschick. Zum Vergleich: Oskar Kokoschka, der andere große österreichische Expressionist und bittere Konkurrent Schieles, wird noch vor diesem zum Kriegsdienst einberufen. Bald darauf bohrt sich ein russisches Infanteriegeschoss in den Schädel des Künstlers, ein Bajonett fährt durch die Rippen in seine Lunge. Kokoschka überlebt und wird erneut an die Front versetzt, wo er nach kurzer Zeit einen schweren Nervenschock erleidet, von dem er sich nur mühsam erholt. Schiele hingegen dient während des gesamten Krieges im Hinterland stationiert, auf ruhigen Posten und zumeist unter verständnisvollen Vorgesetzten. Den Freiraum, den seine Offiziere ihm für die künstlerische Arbeit gewähren, weiß Egon Schiele bis 1918 zur fast vollständigen Dienstfreiheit auszuweiten.

Zweieinhalb Jahre kämpft der Soldat Schiele um diese Freiheit. Die ersten beiden Stationen seiner militärischen Laufbahn liegen in Böhmen. Am 21. Juni 1915 muss er sich zum Dienstantritt in Prag melden. Dort lebte sein Großvater Ludwig Schiele, und offenbar führt die dortige Militärregistratur den Enkel noch immer in ihren Listen. Sammelstelle ist die große

Messehalle am Prager Baumgarten, wo er gemeinsam mit etwa 10 000 anderen Rekruten einquartiert wird. Edith Schiele, die ebenfalls angereist ist, trägt ihren frisch erworbenen Nachnamen ins Meldebuch des mondänen Hotels „Paris" ein. Abends trifft sich das junge Ehepaar am Kasernenzaun oder, wenn Egon Ausgang erhält, im Café „Arco", dem Stammcafé junger deutscher Dichter und Denker in Prag. Hier verkehrt ein österreichischer Künstler, der zufällig genau zur selben Zeit wie Schiele und genau wie dieser trotz eines schmächtigen Körperbaus tauglich nachgemustert wird: der Prager Schriftsteller Franz Kafka. Es ist nicht ausgeschlossen, dass sich die beiden begegnen. Während Kafka jedoch wegen des Einspruchs seines Arbeitgebers nicht einrückt, wird Schiele einem Regiment mit überwiegend tschechischer Mannschaft zugeteilt und am 1. Juli per Güterwaggon nach Neuhaus

Abb. 137: *Schreibtische im Kriegsgefangenenlager Mühling*, 1916. Der abgebildete Arbeitsplatz dürfte Schieles eigener gewesen sein.

Abb. 138: *Einjährig-freiwilliger Gefreiter*, 1916. Vermutlich zeigt das Bild den auf Abb. 136 rechts stehenden Gefreiten.

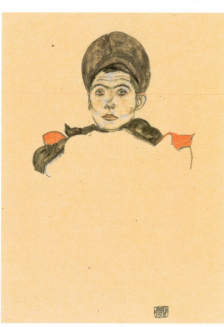

[Jindřichův Hradec] im südöstlichen Böhmen verlegt. Statt im Prager Messepalast nächtigt Schiele nun in einer Scheune, statt im „Paris" wohnt Edith nun im Neuhauser Hotel „Central", ansonsten ändert sich wenig. Schieles Kameraden bleiben „ekelhaft", „verroht" und „furchtbar blöd", der Alltag „stumpfsinnig". Jede freie Minute verbringt Schiele bei seiner Frau, wo er die groben Stiefel und den lichtblauen „Affenanzug" abstreifen kann und sogar ein wenig zum Zeichnen kommt. Sein Motiv dürfte Edith gewesen sein. Den bildhübschen Ort, der ihn an Krummau erinnert, mag er weder ansehen noch malen, weil er von Uniformen wimmelt.

Schieles Versuche, sich ins Wiener Pressequartier versetzen zu lassen, wo viele andere Künstler Zuflucht gefunden haben, bleiben fruchtlos. Immerhin gelingt es ihm, in die Hauptstadt zurückzukehren: Im August kann er sich zu Schanzarbeiten auf dem Exelberg und im Lainzer Tiergarten zuteilen zu lassen. Die Arbeit ist anstrengend, aber wenigstens kann er zu Hause in Hietzing schlafen, wo Edith nun den gemeinsamen Haushalt führt. Auch für die Kunst findet Schiele mehr Zeit. Zwischen dem 11. und dem 23. August entsteht das erste seiner beiden großen Einzelporträts von Edith, das *Bildnis der Frau des Künstlers, stehend* (1915, Abb. 142). Im November wird der Maler erneut gemustert und für „C-tauglich, das ist für Kanzleidienste geeignet" befunden.

Da nicht gleich ein entsprechender Posten für ihn verfügbar ist, hilft er bei der täglichen Eskorte von Gefangenentransporten zwischen Gänserndorf und Wien aus. Es ist ein zeitraubende, aber leichte Arbeit, während derer Schiele die ersten sieben einer ganzen Serie von Kriegsgefangenenporträts anfertigen kann.

Im Mai 1916 verbessert sich Schieles Lage erneut. Er kommt als Schreiber in die Provianturkanzlei eines Kriegsgefangenenlagers für russische Offiziere. Das Lager liegt bei Mühling an der Erlauf, einem verschlafenen Nest in der niederösterreichischen Provinz. Das Bergland am Fuße des Ötschers ist wundervoll, die Verpflegung weit besser als in Wien, wo die Kriegswirtschaft für leere Teller sorgt, und der Dienst sehr leicht. Und auch Edith kann hierher umsiedeln. Wenn er nicht in seiner Stube sitzt, ist Schiele bei ihr, spielt im Offizierskasino Karten und Billard oder schiebt draußen

Abb. 139: *Russischer Soldat (Kriegsgefangener)*, 1915.

Abb. 140: *Bildnis eines russischen Soldaten*, 1915.

Abb. 141: Das Motiv für das Bild *Zerfallende Mühle (Bergmühle)*, 1916, entdeckt Schiele bei einem Ausflug mit Kameraden nahe dem Lager Mühling.

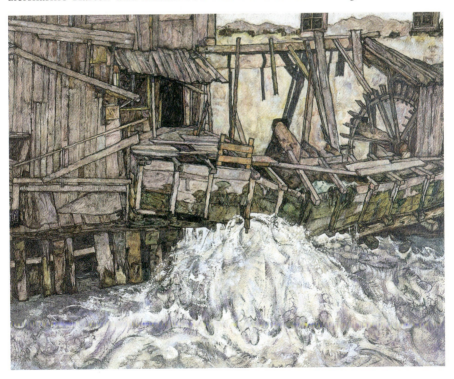

Kegel wie im tiefen Frieden – oder er arbeitet in dem kleinen Atelier, das ihm seine Vorgesetzten im Lager einrichten. Am 1. Juni beginnt Schiele hier eines seiner schönsten Landschaftsbilder, die *Zerfallene Mühle* (1916, Abb. 141). Das pittoreske Motiv hat er kurz nach seiner Ankunft bei einem Ausflug mit Kameraden entdeckt, „mit allen farbig weißen Steinen von der scharfen Sonne beleuchtet". Ab August setzt er seine Porträtserie russischer Kriegsgefangener fort. Über die Umstände, unter denen diese beeindruckenden Blätter geschaffen werden – ob Schiele die Abgebildeten in seinem Atelier oder in ihren Baracken zeichnet, ob sie freiwillig Modell stehen oder nicht – weiß man nichts.

Schiele hat es gut getroffen in Mühling, und doch zieht es ihn nach kurzer Zeit wieder fort von dem sicheren Abstellgleis, auf das er geraten ist. Er zieht ihn zurück nach Wien. Dort, so ist er sich sicher, muss seine Künstlerkarriere nun Fahrt aufnehmen, und er verhandelt mit dem Galeristen Guido Arnot über eine große Ausstellung im November. Die Schau scheitert zuletzt an unterschiedlichen Honorarvorstellungen, doch immerhin haben Schieles Bittschreiben um Versetzung Erfolg. Von einem undurchsichtigen Geflecht von Beziehungen getragen, gelangt er im Januar 1917 an die „k. k. Konsumanstalt für die Gagisten der Armee im Felde" in Wien. Die Institution mit dem verwickelten Namen verdankt ihre Existenz der verwickelten Standesordnung des kaiserlichen Militärs und dient der Befriedigung von Sonderprivilegien. Hier lagern all die

Genussmittel, die im dritten Kriegsjahr knapp sind, im Überfluss. Einen Monat nach seiner Versetzung schreibt Schiele: „Ich habe an Wochentagen von 8-3 respekt. 4h dann Schluß – Sonn u. Feiertage frei. – es geht mir wirklich sehr gut. – ich arbeite für mich täglich und bekomme lauter neue Käufer ... Hier in der Konsum-Anstalt bekomme ich Zigaretten, Fett, Zucker, Kaffee u. s. w. auch trink ich fleißig Probeschnäpse." Sein Kommandant ist ein Mann von Kultur und dem Künstler wohlgesonnen. Der deutliche Anstieg von Schieles künstlerischer Produktion ab 1917 lässt vermuten, dass er häufig auch innerhalb der Dienststunden an seinen Bildern arbeiten kann. Schiele schürt das Feuer, und er schmiedet Pläne für die Zeit nach dem Krieg.

Auf eigenes Betreiben wird der Künstler am 29. April 1918, einen Monat nach seinem großen Erfolg auf der Secessionsausstellung, von der Konsumanstalt in seine letzte militärische Stellung verschoben, ins Wiener Heeresmuseum. Dort kann der Dienst eigentlich nur der Form halber betrieben worden sein – es hat

Abb. 142: *Bildnis der Frau des Künstlers, stehend (Edith Schiele in gestreiftem Kleid)*, 1915.

Abb. 143: Edith und Egon Schiele mit Ediths Neffen Paul Erdmann, um 1915.

Abb. 144: Die vorletzte Station des Soldaten Schiele – *Konsumanstalt: Packraum in Wien, Schottenfeldgasse*, 1917.

Abb. 145: *Die Familie (Kauerndes Menschenpaar)*, 1918. Die abgebildete Frau ist nicht Edith.

Abb. 146: Egon Schiele, 1918.

Abb. 147: *Porträt Robert Müller*, 1918. Das Anfang 1918 begonnene Gemälde des Schriftstellers bleibt unvollendet.

Abb. 148: „Leider hat sich die Situation sehr verschlechtert ...“ – einer der letzten Briefe Schieles, 27. Oktober 1918.

sich nicht herausfinden lassen, was Schieles Aufgabe in diesem Hause gewesen sein könnte. Der Sommer 1918 verspricht, ein guter für Egon Schiele zu werden.

Ruhm

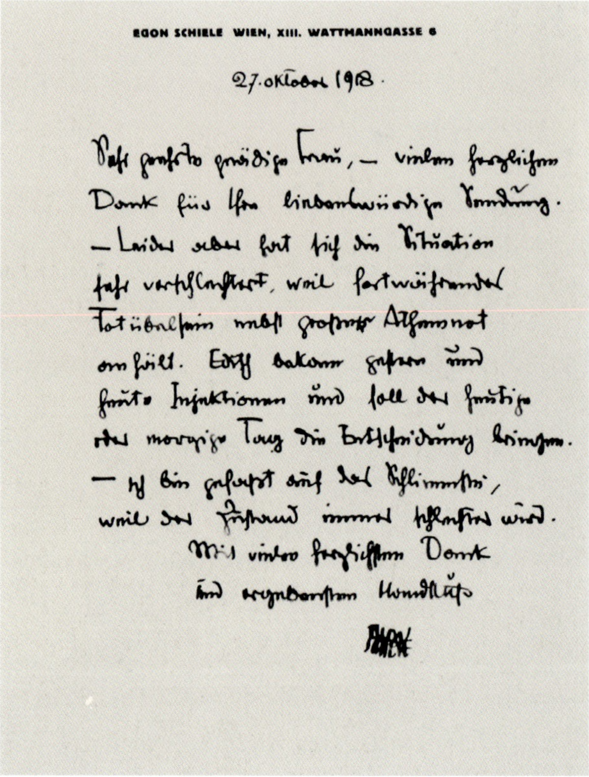

Nach der 49. Secessionsausstellung im März 1918 findet sich Egon Schiele endlich auch in der breiten Öffentlichkeit „den unzweifelhaft ganz großen und zwingenden Begabungen“ der österreichischen Kunst zugezählt. Dem Ruhm folgt Reichtum. Es geht ihm, zum ersten Mal in seinem Leben, finanziell gut. Obwohl Leinwand nur noch „zu ganz enormen Preisen“ zu haben ist, hat Schiele nun Mittel und Zeit, intensiv

EGON SCHIELE WIEN, XIII. WATTMANNGASSE 6

27. Oktober 1918.

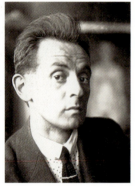

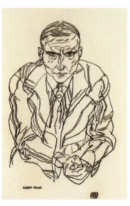

an der Staffelei arbeiten zu können. Für den Sommer und Herbst sind gleich mehrere Ausstellungen geplant, in Prag, in Zürich und in Wien.

Allein, es kommt anders. Der Sommer 1918 ist Schieles letzter. Die Wiener Ausstellung im Herbst muss schon ohne ihn stattfinden. Von den 16 Gemälden, an denen er 1918 arbeitet, bleiben zwei unvollendet in der Werkstatt stehen: das Landschaftsbild *Mödling* (1918) und das Porträt des expressionistischen Schriftstellers *Robert Müller* (1918). Das letzte vollendete Bild des Künstlers ist Zeugnis eines doppelt bitteren Schicksals. Es zeigt seine Frau im Krankenbett. Um den 20. Oktober steckt sich Edith mit der Spanischen Grippe an, die damals in Europa grassiert und Millionen von Todesopfern fordert. Am Morgen des

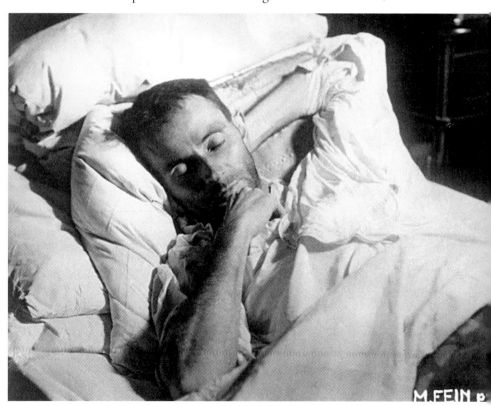

Abb. 149: Egon Schiele auf dem Totenbett, 1918.

Abb. 150: *Mutter mit zwei Kindern III*, 1917. Modell sitzen Schieles eigene Mutter Marie und, für beide Kinder, sein Neffe Anton Peschka, jr.

Abb. 151: Das letzte Bild seiner Frau, *Edith Schiele*, 1918, zeichnet Schiele am Vorabend ihres Todes, am 27. Oktober.

28. Oktober liegt sie leblos. Als er ihr letztes Porträt abnimmt, trägt auch Egon Schiele den Virus schon in sich. Am 31. Oktober 1918 stirbt er um ein Uhr nachts in der Wohnung seiner Schwiegereltern, gegenüber dem Atelier in der Hietzinger Hauptstraße. Am 3. November wird sein Leichnam auf dem Friedhof von Ober St. Veit beigesetzt. Am selben Tag unterzeichnet das in heller Auflösung begriffene Habsburgerreich den Waffenstillstand. Der Krieg ist aus, und eine neue Zeit bricht an.

Die neue Zeit bringt gewaltige Umwälzungen, und so schnell und steil Schieles Stern zuletzt aufgestiegen ist, so jäh versinkt er nun hinter dem Horizont. Die Nachrufe und Würdigungen in den Wiener Zeitungen gehen unter zwischen fettgedruckten Schlagzeilen, die von Soldaten- und Arbeiterversammlungen, von Staatsgründungen und -auflösungen berichten. Als die Nachrichtenlage weniger dramatisch wird, ist Schiele schon kein Thema mehr. Kokoschka, der nach seiner Genesung von seiner Kriegsverwundung in Dresden arbeitet, ist der herausragende Vertreter der österreichischen Moderne. Der einstige Neukünstler ist indessen historisch geworden: Er zählt, ebenso wie Klimt, zur unüberschaubaren Masse von Kunst und Kultur, die im Schutt eines niedergesunkenen Reiches begraben liegt. Einige Museen nehmen seine Werke in ihre Sammlungen auf, unter Kennern sind sie gesucht und teuer, aber sie sind nicht mehr Teil des Kunstgeschehens. 1923 und 1928 werden in Wien immerhin noch zwei Egon-Schiele-Ausstellungen gezeigt. In der NS-Zeit werden seine Arbeiten als „entartet" eingestuft und verschwinden, bis auf wenige Ausnahmen, in Depots und Hinterzimmern.

Die Wiederentdeckung Schieles setzt erst in den 1960er Jahren ein, nach einer erneuten Zeitenwende. Sie geht von der englischsprachigen Welt aus, wohin einige der treuen Sammler und Liebhaber Egon Schieles emigriert sind. Dort wird der Neukünstler nun in großen Retrospektiven als einer der radikalsten Meister der Moderne des fernen alten Europa gefeiert und kanonisiert. Über vierzig Jahre nach dem Tod des Künstlers setzt damit Schieles internationaler Erfolg ein. Als Maler findet er seinen Platz neben Klimt und Kokoschka. Als Zeichner überragt beide sogar: In den 1970er Jahren braucht man in der Wiener Albertina, die eine der bedeutendsten grafischen Sammlungen der Welt beherbergt, nur für zwei Künstler eine Sondererlaubnis der Direktion, um Originale betrachten zu können – für

Abb. 152: Dunkle Vision: *Tote Mutter I*, 1910.

Abb. 153: *Kleiner Baum im Späterbst*, 1910.

Albrecht Dürer und für Egon Schiele.

Zum neuen Ruhm gesellt sich alsbald auch ein neuer Ruch. Seit das erotische Werk Schieles gut ausgeleuchtet die Stellwände der Museen schmückt, fragen Kunstfreunde und Wissenschaftler immer wieder vor allem nach einem: nach der Quelle der sexuellen Energie, die Egon Schiele eine solche erstaunliche Masse expliziter Blätter hat zeichnen lassen. Eine befriedigende Antwort steht aus. Journalisten, Schriftsteller und Filmemacher haben indes mithilfe der wenigen belastbaren Anknüpfungspunkte, die Schieles Beziehungen zu jungen und sehr jungen Modellen bieten, den haltbaren und gut verkäuflichen Erzählstoff des manischen Erotikers mit Lolitakomplex gesponnen.

Sicher wird das populäre Etikett des zwanghaften Erotikers Egon Schiele nicht gerecht, ebenso wenig wie das des Skandalkünstlers. Die vielen Konflikte in seinem Leben, die nicht zuletzt von der Egozentrik eines Ausnahmemenschen genährt werden, und sein fragwürdiger Umgang mit Minderjährigen gehören zwar zu seiner Biographie, doch sie sind, wie wir versucht haben zu zeigen, nur ein Ausschnitt eines bedeutend größeren Ganzen.

Schieles Kunst ist drastisch und explizit, und mitunter scheint es, als erhebe sie Schamlosigkeit zum ästhetischen Prinzip. Dass sie sich darin aber bei weitem nicht erschöpft, macht sie groß. Dass Egon Schieles Leben sich nicht in Eskapaden – wahren und behaupteten – erschöpft, macht ihn zu einer wahrhaft großen Künstlerpersönlichkeit.

Die wichtigsten Schielesammlungen in Österreich

Albertina in Wien

Mit rund 200 Zeichnungen und Aquarellen beherbergt die Albertina in Wien eine Schiele-Sammlung von unschätzbarem Wert. Maßgeblich aufbaut wurde sie durch Otto Benesch, dem Sohn des engen Schiele-Vertrauten und Förderers Heinrich Benesch. Er stand dem Museum von 1947-61 als Direktor vor. Neben der grafischen Sammlung verwahrt die ehrwürdige Institution im Herzen von Wien auch das Egon-Schiele-Archiv mit rund 1400 Objekten, darunter Dokumenten, Briefen, Skizzen-, Notiz- und Tagebüchern. (Umschlagbild, Abb. 1, 2, 12, 13, 14, 17, 18, 28, 35, 41, 52, 53, 57, 58, 60, 71, 72, 76, 80, 81, 82, 85, 90, 91, 92, 93, 94, 99, 108, 109, 110, 116, 118, 121, 127, 130, 132, 134, 139, 154).

Leopold Museum in Wien

Die größte und wichtigste Sammlung von Werken Egon Schieles besitzt das Leopold Museum in Wien. Die private Kollektion umfasst 41 Ölgemälde und 188 Arbeiten auf Papier und wurde seit den 1950er Jahren durch Rudolf Leopold zusammengetragen. Der Sammler und Kunsthistoriker hat durch seine Arbeit maßgeblich zur Wiederentdeckung Egon Schieles nach dem Zweiten Weltkrieg beigetragen. Heute betreut eine Stiftung seine Sammlung, die seit 2001 in einem kühnen Galeriekomplex im Wiener Museumsquartier untergebracht ist. (Abb. 30, 33, 34, 36, 37, 38, 42, 43, 74, 79, 95, 100, 101, 104, 105, 106, 113, 114, 115, 119, 120, 123, 124, 125, 126, 129, 131, 135, 137, 138, 144, 151, 152, 153).

Abb. 154: *Selbstbildnis als Halbakt mit schwarzer Jacke*, 1911.

Österreichische Galerie Belvedere

Franz Martin Haberditzl, Direktor der Vorgängerinstitution der heutigen Galerie Belvedere, erwarb 1917 erste Zeichnungen Egon Schieles und 1918, auf der Secessionsausstellung, das *Porträt der Frau des Künstlers* für sein Haus (Abb. 10). Die Ankäufe zählten zu den ersten Museumserwerbungen von Schiele-Arbeiten. Heute besitzt die Kunstgalerie, die in einer weitläufigen Wiener Schlossanlage gleichen Namens residiert und die weltweit größte Klimt-Sammlung ihr eigen nennt, 16 herausragende Werke des Künstlers. (Abb. 10, 11, 145, 150).

WEITERE BILDQUELLEN

Egon Schiele Museum, Tulln an der Donau: Abb. 49
E. W. K. Bern: Abb. 77, 83
Germanisches Nationalmuseum Nürnberg: Abb. 15
Haags Gemeentemuseum vor Moderne Kunst: Abb. 142
Harewood House Trust, West Yorkshire: Abb. 56
Historisches Museum der Stadt Wien: Abb. 70, 87, 112
Israel Museum Jerusalem: Abb. 73
Lentos Kunstmuseum Linz: Abb. 65
Minneapolis Institute of Arts: Abb. 64
Národní galerie, Prag: Abb. 133
Neue Galerie Graz: Abb. 86
Niederösterreiches Landesmuseum, Sankt Pölten: Abb. 48, 141
Öffentliche Kunstsammlung Basel: Abb. 66
Pierre Gianadda Stiftung, Martigny: Abb. 55
Privatbesitz: Abb. 3, 7, 9, 32, 50, 51, 63, 75, 78, 84, 88, 96, 102, 103, 117
Staatliche Graphische Sammlung München: Abb. 140
Staatsgalerie Stuttgart: Abb. 40
Unbekannt: Abb. 59, 147

BIBLIOGRAPHIE

Nebehay, Christian M.: *Egon Schiele 1890-1918. Leben Briefe Gedichte.* Salzburg und Wien, 1979.
Nebehay, Christian M.: *Egon Schiele. Leben und Werk.* Salzburg und Wien, 1980.
Nebehay, Christian M.: *Gustav Klimt. Dokumentation.* Wien, 1969.
Benesch, Heinrich: „*Mein Weg mit Egon Schiele*". Unveränderter Wiederabdruck in: Klaus Albrecht Schröder: Egon Schiele. München, 2005 (S. 379-391)
Bauer, Hermann (Hg.): *Die große Enzyklopädie der Malerei.* Dritter Band. Freiburg, Basel, Wien, 1976.
Kallir, Jane: Egon Schiele: *The Complete Works. Including a Biography and a Catalogue Raisonné.* New York, 1990.
Kallir, Jane: *Egon Schiele.* New York, 1994.
Kallir, Otto: *Egon Schiele. Das Druckgraphische Werk.* Wien, 1970.
Katalog der Internationalen Kunstschau Wien 1909. Wien, 1909.
Schröder, Klaus Albrecht; Szeeman, Harald (Hg.): *Egon Schiele und seine Zeit.* München, 1988.
Schröder, Klaus Albrecht: *Egon Schiele.* München, 2005.
Schröder, Klaus Albrecht: *Egon Schiele. Eros und Passion.* München, New York, 1995.
Stadtgemeinde Tulln: *Egon-Schiele-Museum. Eine Dokumentation zu Leben und Werk von Egon Schiele (1890 Tulln - 1918 Wien).* Tulln, 1991.
Natter, Tobias G.; Hollein, Max (Hg.): *Die nackte Wahrheit. Klimt, Schiele, Kokoschka und andere Skandale.* München, Berlin, London, New York, 2005.
Natter, Tobias G.; Tummer, Thomas: *Die Tafelrunde. Egon Schiele und sein Kreis.* Köln, 2006.
Natter, Tobias G.; Storch, Ursula: *Egon Schiele & Arthur Roessler. Der Künstler und sein Förderer.* Ostfildern-Ruit und Wien, 2004.